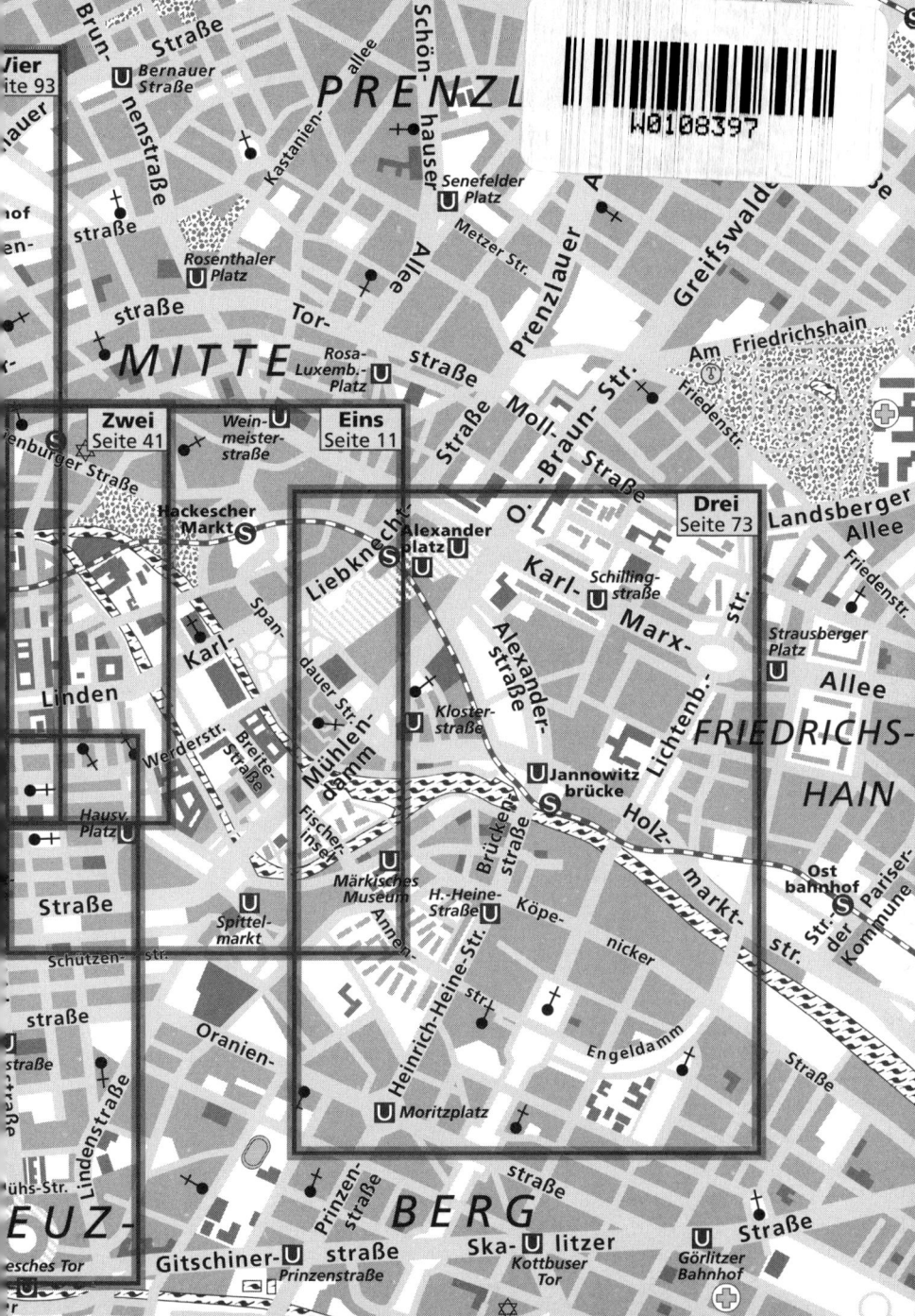

PRENZL

MITTE

Brun-
Straße

Bernauer
Straße

nenstraße

Kastanien-

Schön-
hauser

allee

Senefelder
Platz

Rosenthaler
Platz

straße

Metzer Str.

Prenzlauer A

Greifswalde

straße

Tor-

Rosa-
Luxemb.-
Platz

straße

Allee

Straße

Moll-

-Braun-
Straße

Am Friedrichshain

Friedenstr.

Landsberger
Allee

Vier
ite 93

Zwei
Seite 41

Wein-
meister-
straße

Eins
Seite 11

Drei
Seite 73

enburger Straße

Hackescher
Markt S

Liebknecht-

Alexander-
platz

Karl-

Schilling-
straße

Marx-

str.

Strausberger
Platz

FRIEDRICHS-

HAIN

Karl-

Span-

dauer Str.

Mühlen-

damm

Klöster-
straße

Alexander-

straße

Lichtenb.-

Linden

Werderstr.

Breite-
Straße

Fischer-
Insel

Jannowitz-
brücke

Holz-

markt-

str.

Ost
bahnhof

Str.
der
Pariser-
Kommune

Hausv.-
Platz

Märkisches
Museum

H.-Heine-
Straße

Brücken-
straße

Köpe-

Straße

Spittel-
markt

Anne-

nicker

straße

Oranien-

Heinrich-Heine-Str.

str.

Engeldamm

Straße

Schutzen- str.

straße

Lindenstraße

straße

EUZ-

sches Tor

Moritzplatz

Prinzen-
straße

BERG

straße

Gitschiner- U straße

Prinzenstraße

Ska- U litzer

Kottbuser
Tor

Straße

Görlitzer
Bahnhof

Wolfgang Feyerabend
Spaziergänge durch
Fontanes Berlin

Arche

Inhalt

Schwungrad – Mühlrad Berlin   5

Erster Spaziergang
»Das kann nicht über Nacht
verschwinden …«
Von der Niederwallstraße zur
Großen Hamburger   11

Zweiter Spaziergang
»… daß mir dieser glücklichste
Gedanke meines Lebens kam«
Von der Neuen Wache
bis zur Oranienburger   41

Dritter Spaziergang
»… mit einem Male mitten
in einer Schützenlinie«
Vom Alex zum Mariannenplatz   73

Vierter Spaziergang
»… bin wiederum
angestellter Scriblifax«
Zwischen Brandenburger Tor
und Chausseestraße   93

Fünfter Spaziergang
»Ja, Berlin wird Weltstadt«
Vom Gendarmenmarkt
zum Halleschen Tor   121

Sechster Spaziergang
»Und wenn ich nun
einen Querstrich ziehe«
Rund um den Potsdamer Platz   153

Quellenverzeichnis und
Zitatnachweis   180
Literaturverzeichnis   182
Bildnachweis   182
Biographische Notiz   183
Personenregister   184

Frontispiz: **Unter den Linden
zwischen Opernhaus und Schloßbrücke,
1907**

Copyright © 2002 by Arche Verlag AG,
Zürich-Hamburg
Alle Rechte vorbehalten
Umschlag: Max Bartholl, Frankfurt
Karten: www.kartenwerk.com
Lithos: Repro Studio Kroke, Hamburg
Satz: Gaby Michel, Hamburg
Druck, Bindung: Clausen & Bosse, Leck
Printed in Germany
ISBN 3-7160-2302-7

Schwungrad – Mühlrad Berlin

Theodor Fontane, am 30. Dezember 1819 in Neuruppin geboren, besuchte als Siebenjähriger zum erstenmal die preußische Hauptstadt. Louis Henri Fontane (1796–1867) hatte seinen ältesten Sohn mitgenommen, um ihn dem Großvater vorzustellen. Nicht ohne Eigennutz, erhoffte sich doch der Besitzer der Neuruppiner Löwenapotheke finanzielle Unterstützung. Der wohlgeratene Knabe sollte für gut Wetter sorgen. Pierre Barthélemy Fontan konnte als begüterter Mann gelten. Der Nachfahre französischer Glaubensflüchtlinge, die allerdings schon seit mehreren Generationen im Brandenburgischen lebten, hatte als Zeichenlehrer des Kronprinzen, des nachmaligen Königs Friedrich Wilhelm III., Karriere gemacht. Dessen Gattin, Königin Luise, berief ihn zum Kabinettssekretär. 1806, als die königliche Familie vor den napoleonischen Truppen nach Königsberg floh, wurde er mit der Verwaltung des Schlosses Niederschönhausen betraut. Durch drei Ehen hatte er überdies sein Vermögen zu vermehren gewußt. Als ihn Sohn und Enkel 1826 in Berlin besuchten, genoß er seinen Ruhestand und wohnte in der Kleinen Hamburger Straße 13, einem Haus, das ihm selbst gehörte. Die Straße führte auf das gleichnamige Stadttor zu. Hochbeladene Fuhrwerke, die mit eisenbeschlagenen Rädern durchs Tor rollten, klapprende Handkarren, die von Marktfrauen gezogen wurden, Postillione, die mit einem Peitschenknall ihre Pferde antrieben – all das dürfte zu den ersten Eindrücken gehört haben, die der siebenjährige Theodor von der Hauptstadt empfing. Ferienbesuche bei »Onkel August« und »Tante Pinchen« schlossen sich an.

1833, das 14. Lebensjahr noch nicht vollendet, kam er durch einen vom Vater veranlaßten Schulwechsel zur Ausbildung nach Berlin. Mit wenigen Unterbrechungen, den Jahren als Apothekergehilfe in Burg, Dresden und Leipzig, der Korrespondententätigkeit in London und der Zeit als Berichterstatter von den Kriegen gegen Österreich und Frankreich, sollte ihn die Stadt nicht mehr loslassen. Er wurde Zeuge der 48er Revolution und der unter Bismarck 1871 vollzogenen Reichseinigung. Er erlebte den rasanten Wandel Berlins von der gemächlichen Residenzstadt zur pulsierenden Metropole. Die Einwohnerzahl wuchs von 236000 im Jahr 1833 auf 1,7 Millionen im Jahr 1890. Mit den Goldmillionen, die nach dem gewonnen

Krieg gegen Frankreich ins Land flossen, begann ein fieberhafter wirtschaftlicher Aufschwung. Handel und Industrie entfalteten sich. Berlin als »ewige Baustelle« wurde legendär. Der technische Fortschritt war allenthalben greifbar. In den 90er Jahren verkehrten in der Potsdamer Straße, wo Fontanes letzte Wohnung lag, bereits elektrische Straßenbahnen. Sechseinhalb Jahrzehnte hat Theodor Fontane in Berlin verbracht. Hier unternahm er die ersten dichterischen Versuche. Hier reiften seine Lebensanschauung und sein literarisches Talent. Hier begann er, fast 60jährig, ein Romanwerk zu schaffen, das in seiner meisterhaft realistischen Darstellung und psychologischen Gestaltungskunst Eingang in die Weltliteratur fand. Als Dichter und Reiseschriftsteller, Herausgeber und Publizist hatte er sich längst einen Namen gemacht. Doch erst die veränderte gesellschaftliche Situation nach 1871 bot die Reibefläche, an der sich seine Begabung als Romancier entzündete. Die sich breitmachende »Äußerlichkeitsherrschaft« samt »Protzentum« und nationaler Überheblichkeit, »Pflichttrampeltum« und Borniertheit ließen ihn den Weg des wilhelminischen Deutschlands mit wachsender Sorge betrachten: »...die schöne Freiheit und Heiterkeit der Seele fehlt. Du siehst an diesem Pröbchen, daß ich, wie so viele, mit unserm Heimischen immer unzufriedner werde. Hat man unrecht? Ich wünsche es. Wo sind die Tage, wo Preußen so was wie eine Mission hatte«, heißt es 1894 in einem Brief an den Dichterfreund Paul Heyse.

Die parvenühafte Reichshauptstadt war das Brennglas, das Fehlentwicklungen überdeutlich sichtbar werden ließ. Nicht in Paul Heyses München oder in Wilhelm Raabes Braunschweig hätten *Frau Jenny Treibel, Mathilde Möhring* oder *Effi Briest* entstehen können. Es bedurfte Berlins. Nirgendwo anders prallten die Gegensätze heftiger aufeinander. Der Schauplatz war bereitet, Fontane gab ihm die literarische Personage: verkrachte adlige Existenzen, Emporkömmlinge, Neureiche, Pharisäer. Der von ihm geliebte, aber zu Reformen gleichermaßen unfähige wie unwillige Adel wurde dabei ebenso einer kritischen Gesamtschau unterzogen wie der Typus des gründerzeitlichen Bourgeois. »Er ist ein Schafskopf, aber sein Vater hat ein Eckhaus«, mit dieser Art von Bewunderung könne er nicht mehr mit, schrieb er an seine Tochter Mete. Sieben seiner Romane und Erzählungen sind ganz oder teilweise in Berlin angesiedelt. Die Stadt, die er in all ihren Winkeln kannte – mehr als 20 Umzüge hatte er hinter sich –, diente ihm nie bloß als farbiger Hintergrund, als Kulisse. Plätze, Straßen und Viertel, die er zu literarischen Orten machte, verweisen unaufdringlich auf den sozialen Status der dort wohnenden Figuren. Aus den konkreten Gegebenheiten heraus entwickelt er ihre Konflikte. Deshalb sind die Adressen stets sorgsam gewählt und penibel genau gezeichnet.

Zu Recht wehrte er sich jedoch immer wieder dagegen, als Autor von »Berlin-Romanen«, eine Art Heimatschriftsteller, vereinnahmt zu werden. Das Lokale, das Berlinische, interessierte ihn nur insoweit, als »daß das, was hier geschieht und nicht geschieht, direkt eingreift in die großen Weltbegebenheiten. Es ist mir Bedürfnis geworden, ein solches Schwungrad in nächster Nähe sausen zu hören, auf die Gefahr hin, daß es gelegentlich zu dem bekannten Mühlrad wird«, hatte er bereits 1860 gegenüber Heyse geäußert.

Vom alten Berlin rund um das Stadtschloß, das in seinem ersten Roman *Vor dem Sturm* zur Szenerie wurde, über die historisch gewachsenen Gegenden um den Hausvogteiplatz *(L'Adultera)* oder den Gendarmenmarkt *(Schach von Wuthenow)* bis hin zu den Vierteln des Bürgertums am Tiergarten *(Cécile)* nahm er nach und nach literarisch von der ganzen Stadt Besitz. In *Irrungen und Wirrungen* ist es das noch vorstädtisch wirkende Gebiet am Zoologischen Garten, in *Stine* schließlich das proletarische, eiligst aus dem Boden gestampfte Quartier der Oranienburger Vorstadt.

Etliche der Straßen und Plätze, die Fontane in seinen Romanen beschrieben hat, wurden schon um 1900 umgekrempelt. Anderes versank in den Bombennächten des Zweiten Weltkriegs oder fiel anschließend der Abrißbirne in Ost und West zum Opfer.

Der Potsdamer Platz. Im Hintergrund der Potsdamer Bahnhof, 1925

Mit zwei Ausnahmen sind auch seine Wohn- und Wirkungsstätten verlorengegangen. Und dennoch blieben, dem ersten Blick oft verborgen, vielerlei Zeugnisse und Spuren der Fontane-Zeit erhalten.

Die vorliegenden sechs Spaziergänge, beginnend mit dem Schulweg des 14-jährigen Fontane, der Verlobung des 26jährigen mit Emilie Rouanet-Kummer, seiner Zeit als Apotheker, Einjährig-Freiwilliger, junger Dichter und Journalist und endend mit den Jahren als Theaterkritiker und Romancier, sind weitgehend chronologisch angelegt, so daß sich die Lebens- und Schaffensstationen nach und nach erschließen. Berliner Dichter, Maler, Musiker und Gelehrte von der Aufklärung bis zur Romantik, vom Vormärz bis zum Naturalismus, vom Expressionismus bis zu den 20er Jahren werden ebenfalls besucht – Anregungen, all dem nachzugehen und dabei einen spannungsreichen Bilderbogen Berliner und europäischer Kulturgeschichte kennenzulernen.

Dort, wo heute Nachfolgebauten anstelle der ursprünglichen Häuser stehen oder Grünflächen und Parkplätze entstanden sind, Grundstücke durch Verlegung von Straßen (Potsdamer Straße) oder deren Ausradierung (Heidereutergasse) sich nicht mehr auffinden lassen, wird in den Überschriften der Zusatz »Ehemalige« Wohnung, Unterkunft usw. verwendet.

Nicht selten sind mehrfache Namenswechsel der Straßen und Plätze zu verzeichnen. Die Hirschelstraße etwa, in der Emilie und Theodor Fontane ihre vorletzte Bleibe fanden, wurde zwischen 1867 und 1947, also innerhalb nur eines Menschenlebens, viermal um- bzw. rückbenannt. Sofern es für die Orientierung unerläßlich ist, wird darauf ebenso hingewiesen wie auf die häufigen Umnumerierungen der Häuser.

Um einen Eindruck vom einstigen Berlin zu vermitteln, wurden ausschließlich historische Fotos verwendet. »Man sieht nur, was man weiß«, war bei Fontane ein beliebtes Wort. Zu wissen, was man nicht mehr sieht, kann umgekehrt genauso hilfreich sein.

Kurfürstenbrücke (Lange Brücke)
mit Königlichem Schloß, um 1905

Erster Spaziergang
»Das kann nicht über Nacht verschwinden...«
Von der Niederwallstraße zur Großen Hamburger

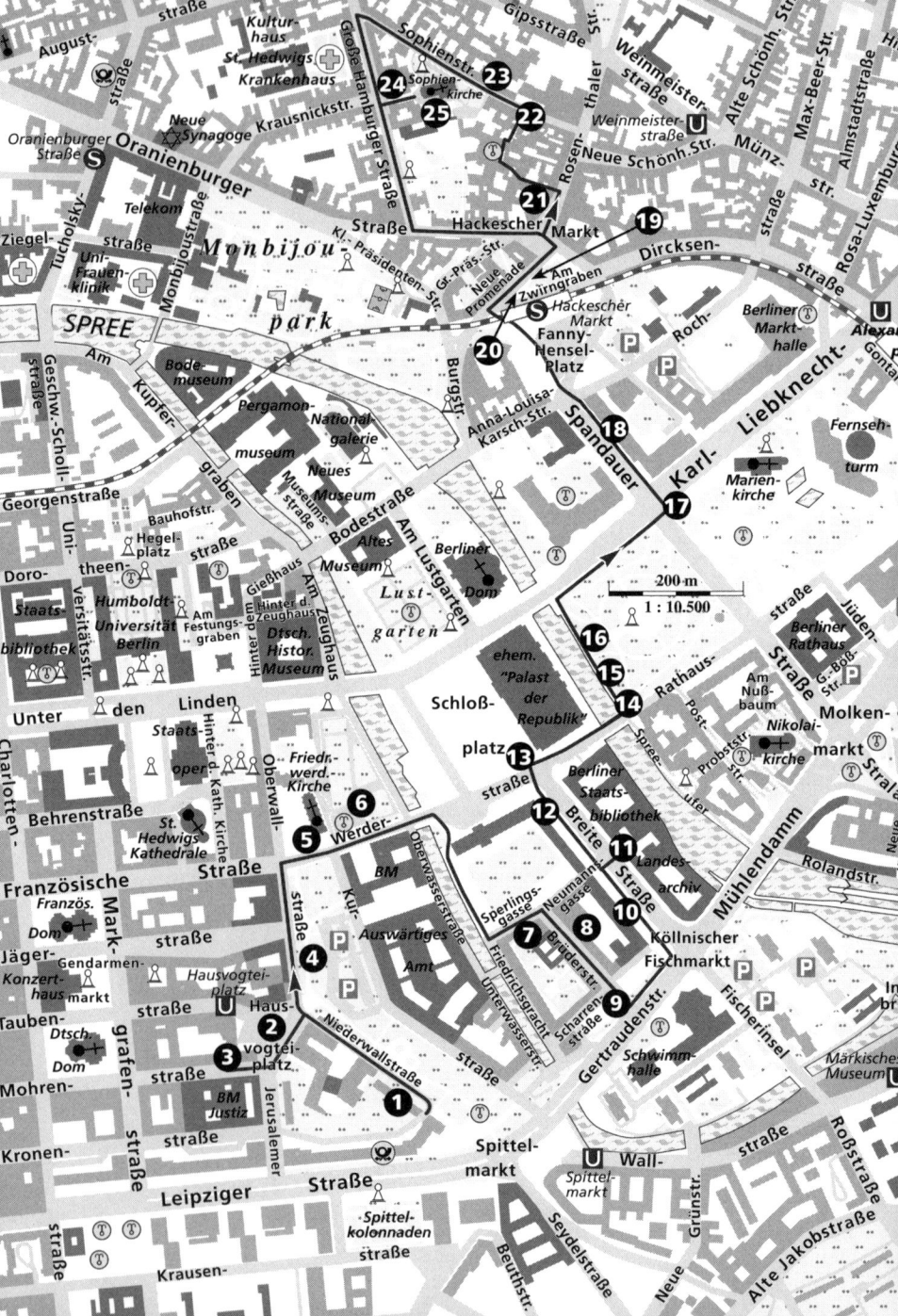

Der erste Spaziergang widmet sich den frühen Jahren Theodor Fontanes in Berlin. Ausgangspunkt ist die Niederwallstraße, in der sich seine Schule befand. Später siedelte er in dem Gebiet Figuren aus »L'Adultera« und »Frau Jenny Treibel« an. Die Niederwallstraße verbindet den Spittelmarkt mit dem Hausvogteiplatz und erinnert mit ihrem Namen noch an die im 17. Jahrhundert errichtete Stadtumwallung.

❶ Ehemalige Klödensche Gewerbeschule
Niederwallstraße 12

Auf dem heute mit Plattenbauten besetzten Grundstück wurde 1826 die Berliner Gewerbeschule eröffnet. Am 1. Oktober 1833 begann hier für den 14jährigen Theodor Fontane der Unterricht. Der abrupte Schulwechsel vom Neuruppiner Gymnasium nach Berlin war den Kürzungen im Familienbudget geschuldet. Mit seiner Spiel- und Vergnügungssucht hatte der als Apotheker tätige Louis Henri Fontane das ererbte Vermögen verschleudert. Diese Unfähigkeit, den Seinen eine gesicherte Existenz zu gewährleisten, bewog Emilie Fontane (1797–1869), geborene Labry, später dazu, sich von ihrem Mann zu trennen. Für den Sohn Theodor kam aus all diesen Gründen eine anschließende Universitätsausbildung nicht mehr in Frage. Die von dem Naturforscher und Pädagogen Karl Friedrich von Klöden (1786–1856) geleitete städtische Gewerbeschule galt als eine der vorbildlichsten Institutionen ihrer Art in Deutschland. In der Nachfolge Pesta-

Die Berliner Gewerbeschule, 1907

lozzis stehend, wurde eine enge Verbindung von Theorie und Praxis angestrebt. Die Schüler sollten befähigt werden, den Einstieg ins Berufsleben besser zu meistern. Selbst Goethe, der mit Klöden im Briefwechsel stand, hat sich lobend über die Lehranstalt geäußert. Fontane allerdings beklagte den Wechsel zeitlebens: »Das Resultat dieses unterbrochenen Schulganges war, daß ich, anstatt *eine* Sache wirklich zu lernen, um alles richtige Lernen überhaupt kam und von links her die Gymnasialglocken, von rechts her die Realschule habe läuten hören, also mit minimen Bruchteilen einerseits von Latein und Griechisch, andererseits von Optik, Statik, Hydraulik, von Anthropologie – wir mußten die Knochen und Knöchelchen auswendig lernen –, von Metrik, Poetik und Kristallo-

Theodor Fontane. Kreidezeichnung von Hermann Karl Kersting. Dresden 1842/43

graphie meinen Lebensweg antreten mußte.«Das nach drei Jahren erworbene Abgangszeugnis – es entsprach der heutigen »mittleren Reife« – bescheinigte dem noch nicht 17jährigen immerhin gute Leistungen in allen Fächern. Hervorgehoben wurden die Kenntnisse in Latein und eine säuberliche Handschrift.

Unweit seiner Schule siedelte Fontane in der 1880 als Vorabdruck veröffentlichten Novelle L'Adultera die Stadtwohnung des Kommerzienrats van der Straaten und seiner Ehefrau Melanie an. Mit der fiktiven Großen Petristraße dürfte er jedoch nicht, wie manche meinen, die Niederwallstraße, sondern eine der den Petriplatz umschließenden Straßen (Gertrauden-, Kleine Gertrauden- oder Scharrenstraße) im Auge gehabt haben. Denn »beinah unmittelbar« vor dem van der Straatenschen Haus ragt der Petrikirchturm auf. Von einem Fenster der Wohnung aus läßt sich der Verkehr beobachten, der von der Brüderstraße her den Platz erreicht. Und nur so ergibt auch die vom Autor skizzierte Route der nächtlichen Kutschfahrt topographisch einen Sinn. Auf dem Heimweg passieren die van der Straatenschen Diner-Gäste, aus Richtung Petriplatz kommend, zunächst die »Normaluhr auf dem Spittelmarkte«. Erst dann biegen sie »in eine der schlechtgepflasterten Seitenstraßen« (Niederwall- und Oberwallstraße) ein, die zum »Wallstraßen-Portal« und »auf den abendlich-stillen Opernplatz« hinausführen. Die »Ehebrecherin« Therese Ravenné, geborene von Kusserow, reales Vorbild für die Er-

zählung, wohnte mit ihrem Gatten, dem Berliner Industriellen, übrigens in der nahen Wallstraße, dem heute noch vorhandenen Ravenné-Haus.

Ebenfalls nicht weit von der Klödenschen Gewerbeschule entfernt lag die aus dem Stadtbild verschwundene Adlerstraße. In ihr läßt Fontane in seinem Roman *Frau Jenny Treibel* Professor Willibald Schmidt wohnen, den verschmähten Jugendfreund der späteren Unternehmersgattin Jenny Treibel.

Unser Spaziergang folgt nun dem Schulweg Fontanes. Das Haus Niederwallstraße 39 passierend, in dem die Botschaft des Königreichs Marokko ihren Sitz hat, erreichen wir den Hausvogteiplatz. Hierher war 1750 das Hofgericht, die Hausvogtei, gezogen. Sie galt in den Jahren der Restauration als Sinnbild der restriktiven Innenpolitik. Während sich Preußen 1833 federführend an der Gründung des Deutschen Zollvereins beteiligte, der zur Liberalisierung des Handels beitrug, wurde gleichzeitig eine neue Untersuchungskommission zur Verfolgung der Oppositionellen gebildet. Die Freizügigkeit der Gedanken war nicht erwünscht. Eine monströse Überwachungsmaschinerie entstand. Berlins insgesamt sieben Gefängnisse, zwei davon gerade erst errichtet, füllten sich.

❷ **Hausvogteiplatz**
Anfang 1834 wurde der Burschenschafter Fritz Reuter (1810–1874) vom Gefängnis am Molkenmarkt in das der Hausvogtei verlegt. Ein Jahr zuvor, kurz nach dem Hambacher

Fest, hatte man ihn verhaftet. 1836 erfolgte die Anklage wegen Hochverrats und Majestätsbeleidigung. Das gegen ihn ausgesprochene Todesurteil wurde schließlich in 30 Jahre Festungshaft umgewandelt. 1840 kam er durch eine allgemeine Amnestie frei. In der 1862 veröffentlichten Erzählung *Ut mine Festungstid* beschrieb er später die Erfahrungen während der Haft.

Der Sohn eines Stavenhagener Bürgermeisters arbeitete nach seiner Entlassung aus dem Gefängnis als landwirtschaftlicher Volontär auf Gütern in Mecklenburg. Aus dieser Zeit datieren seine ersten schriftstellerischen Versuche. 1856 ließ er sich als freier Schriftsteller nieder. Seine zumeist in Mundart verfaßten Romane und Erzählungen schildern in kritisch-realistischer Darstellung das schwere Leben der Landarbeiter, das, trotz Aufhebung der Leibeigenschaft, von bitterer Armut und junkerlicher Willkür gekennzeichnet war.

Fontane, der die ab den 50er Jahren des 19. Jahrhunderts erscheinenden Werke Reuters – *Kein Hüsung, Ut mine Stromtid* u. a. – gut kannte und durchaus zu schätzen wußte, teilte jedoch insgesamt das Urteil seines Kritikerkollegen Otto Brahm, der dem niederdeutschen Volksschriftsteller, trotz zeitweilig weltweiter Resonanz, nur eine lokale Bedeutung zugestand.

1845 mietete August Fontane, »Onkel August«, am Hausvogteiplatz 5 eine Wohnung (vgl. S. 54).

Am Ende des 19. Jahrhunderts, noch zu Lebzeiten Fontanes, begann sich der Hausvogteiplatz, zu einer ersten Adresse des Berliner Konfektionshan-

Hausvogteiplatz, um 1910

dels zu entwickeln. Die allesamt von jüdischen Kaufleuten begründeten Unternehmen wurden in der Nazizeit beschlagnahmt oder geschlossen. An dieses dunkle Kapitel erinnern ein Denkmal und die in die Treppen zur U-Bahnstation Hausvogteiplatz eingelassenen Namen der enteigneten jüdischen Firmeninhaber.

An der Südwestseite des Platzes, die vom Bundesministerium für Justiz eingenommen wird, zweigt die Mohrenstraße ab. Hier sind die einzigen noch am originalen Standort befindlichen Brückenkolonnaden Berlins, die Mohrenkolonnaden, zu entdecken. Sie gehörten zur 1787 von Carl Gotthard Langhans errichteten Brücke über den Stadtgraben.

❸ Ehemaliges »Englisches Haus«
Mohrenstraße 49

In dem nicht mehr erhaltenen Gebäude war das »Englische Haus«, ein vornehmes Lokal mit Sälen und Veranstaltungsräumen, in dem sich schon im 18. Jahrhundert der »Berliner Montagsklub« zu versammeln pflegte. Bekanntestes Mitglied war Gotthold Ephraim Lessing. Später tagte dort auch die Dichtervereinigung »Tunnel über der Spree«. 1890 fand hier die offizielle Feier zum 70. Geburtstag Fontanes statt. »Am 4. Januar gibt der Preßklub, der Rütli und die Vossische Zeitung mir ein großes Festessen im Englischen Hause. Sehr forsch. Spielhagen präsidiert. Minister Goßler zugegen, hält eine sehr gute Rede ... Um die Jahreswende bin ich ein ›Held des Tages‹ und spuke selbst in einem Times-Telegramm. Dann kommen ruhige langweilige Wochen, in denen ich die 400 Briefe zu beantworten habe«, heißt es im Tagebuch.

Wir verlassen die Mohrenstraße und den Hausvogteiplatz und gehen in die nach Norden führende Oberwallstraße, in der die privaten Fernsehsender SAT 1 mit dem Sendezentrum und Pro 7 mit der Hauptstadtrepräsentanz (Nr. 6 bzw. 7) ansässig sind.

❹ **Ehemalige »Berliner Zeitungshalle«**
Oberwallstraße 12/13,
heute Grünanlage
Hier befanden sich 1847/48 die Redaktionsräume der »Berliner Zeitungshalle«. Der als Lesezirkel von Gustav Julius begründete Debattierklub gab eine eigene Zeitung heraus, die sich zu den wichtigsten Publikationsorganen des Vormärz entwickelte. Fontane meldete sich in dem Oppositionsblatt mit vier Artikeln zu Wort, in

Die »Berliner Zeitungshalle«, um 1885

denen er aus radikal demokratischer Sicht Preußens Versagen in der nationalen Frage beleuchtete. »Ein kleiner, trefflich geschriebener Aufsatz in der ›Zeitungshalle‹ hier, von Th. Fontane unterschrieben, sagt geradezu, Preußen stirbt und muß sterben, es soll seinen Tod sogar eigenhändig vollziehen! Dies hat mich sehr ergriffen. Es ist viel Wahres drin«, notierte der wegen seiner liberalen Anschauungen aus dem diplomatischen Dienst geekelte Karl August Varnhagen von Ense am 31. August 1848 in sein Tagebuch. *Nach wenigen Metern erreichen wir das Gebäudeensemble Oberwallstraße 5/Jägerstraße 42–44. Im Kern 1878 von Carl Schwatlo errichtet, dient es heute als Bundesrepräsentanz der Deutschen Telekom. Fontane hatte den Berliner Baumeister Schwatlo und dessen Frau 1874 während einer Italienreise in Neapel kennengelernt. Die beiden Familien standen fortan in einem freundschaftlichen Verhältnis.*

Eduard Gärtner, *Panorama vom Dach der Friedrichswerderschen Kirche*, 1834. Teilansicht mit dem Maler selbst. Im Hintergrund die kastenförmige Bauakademie

Von hier aus biegen wir rechts in die Werderstraße ein. Auf der anderen Straßenseite erhebt sich die

❺ Friedrichswerdersche Kirche

Am Werderschen Markt entstand nach Plänen Karl Friedrich Schinkels ab 1824 die Friedrichswerdersche Kirche, die einen Vorgängerbau an dieser Stelle ersetzte. 1831 konnte Berlins erster neugotischer Backsteinbau, der für das 19. Jahrhundert stilbildend wirken sollte, eingeweiht werden. Berühmt geworden ist Eduard Gärtners 1835/36 gemaltes Panorama vom Dach der Kirche. Heute beherbergt das Gebäude die ständige Ausstellung mit Plastiken des 19. Jahrhunderts aus den Beständen der Alten Nationalgalerie.

Karl Friedrich Schinkel (1781–1841), wie Fontane in Neuruppin geboren, kam mit 13 Jahren nach Berlin und besuchte ab 1799 die Bau-Unterrichts-Anstalt. Bedingt durch die napoleonische Besetzung Preußens und die sich anschließenden Befreiungskriege, erhielt Schinkel erst als 35jähriger seinen ersten großen Bauauftrag. Als er 1840 schwer erkrankte und in ein einjähriges Wachkoma fiel, hervorgerufen durch jahrzehntelang andauernde Arbeitsüberlastung, gab es in Berlin kaum einen bedeutenden Platz, kaum eine wichtige Straße, die nicht seine Handschrift trugen.

Nur ein paar Schritte von der Fried-

richswerderschen Kirche entfernt erinnert ein erst kürzlich aufgestelltes Fassadenfragment an Schinkels wegweisendstes Werk.

❻ Ehemalige Bauakademie Werderstraße

1831–36 errichtet – Fontane konnte den Fortschritt der Arbeiten auf seinem Schulweg beobachten –, wurde der »rote Kasten«, wie ihn die Berliner despektierlich nannten, zum baukünstlerischen Vermächtnis des großen preußischen Architekten. Schinkel hatte im Haus seine Dienstwohnung, in der er, noch keine 61 Jahre alt, starb. Das im Zweiten Weltkrieg beschädigte Gebäude wurde, obwohl es wiederhergestellt hätte werden kön-

Karl Friedrich Schinkel.
Ölbild von Johann Eduard Wolff, um 1826

nen, Anfang der 60er Jahre abgerissen.

Auf der Südseite des Werderschen Marktes sehen wir das Auswärtige Amt. Es residiert im einstigen Reichsbankgebäude, das durch einen Neubau erweitert wurde. Zu DDR-Zeiten war in dem Haus das Zentralkomitee der SED untergebracht, die eigentliche Machtzentrale des »Arbeiter- und Bauernstaates«.

Vom Schulweg Fontanes ein wenig abweichend, biegen wir hinter der Schleusenbrücke, die anstelle des alten Spreeübergangs und der seit dem 15. Jahrhundert bestehenden Schleuse 1914/15 erbaut wurde und über die wir die Köllner Seite der alten Doppelstadt Berlin-Kölln erreichen, nach rechts in den Uferweg am Spreekanal ein. Linker Hand befindet sich das ehemalige, 1964 fertiggestellte Staatsratsgebäude, in dessen Fassade das barocke Schloßportal IV eingefügt wurde. Vom Uferweg am Spreekanal schwenken wir in die Sperlingsgasse ein.

❼ Ehemalige Unterkunft von Wilhelm Raabe Sperlingsgasse 8

Wilhelm Raabe (1831–1910), der sich 1854/55 als Gasthörer an der Berliner Universität eingeschrieben hatte, wohnte in der Spreegasse 11 bei einem Schneider. Die hier gemachten Erfahrungen flossen unmittelbar in seinen Romanerstling *Die Chronik der Sperlingsgasse* ein, den er 1857 unter dem Pseudonym Jakob Corvinus erscheinen ließ. Zum 100. Geburtstag des bedeutenden realistischen Erzählers wurde die Spreestraße, wie sie inzwischen hieß, ihm zu Ehren in Sperlingsgasse umbenannt. Die bald nach seinem Tod angebrachte Gedenktafel ist, wie das Haus selbst, das später die Nummer 8 erhielt, verschwunden. In den 60er Jahren wurden die im Krieg beschädigten Häuser der Straße komplett durch Neubauten ersetzt.

Zu denen, die den literarischen Weg Raabes aufmerksam-kritisch begleiteten, gehörte Fontane. In einer Rezension zu der 1882 veröffentlichten Erzählung *Fabian und Sebastian,* in der Fontane gleichsam die eigene Poetik formulierte, schrieb er: »Ich bin der letzte, der Exkurse beseitigen will, ich

Wilhelm Raabe, 1892.
Gemälde von Hanns Fechner

Sperlingsgasse 11 (2. Haus von re.), um 1930

finde vielmehr umgekehrt, daß lebensweisheitliche Betrachtungen, Ausspinnungen und Wiederholungen in den Roman hineingehören, und stehe jedem feindlich gegenüber, der in der Vermeidung aller Kurven und in einem jetzt modischen unmittelbaren Drauflosgehen aufs Ziel eine höchste Kunstform erkennen will. Die grade Straße bietet selten das Schönste; was *neben* dem Wege liegt, ist meist hübscher als der direkte Weg. Ich huldige mithin ganz und gar dem Raabeschen Prinzip und will in Inhalt, Richtung und Wesen nichts andres, als was *er* will; ich will nur einfach weniger. Eine gute Weile lang findet man ein unbedingtes Gefallen an ihm und seiner Vortragsweise; von dem Augenblick an aber, wo wir an dem, was uns anfänglich zusagte, das Zuviel und eine so hochgradig ausgebildete Manier erkannt ha-

ben, daß nicht mehr der Dichter den Stil, sondern der Stil den Dichter in Händen hält, von diesem Augenblick ist das Interesse hin oder doch wenigstens gefährdet.«
Fontanes Rat beherzigend, wandeln wir noch ein Stück »neben dem Wege« weiter und gehen aus der Sperlingsgasse in die rechts abzweigende Brüderstraße. Vorbei an Haus Nr. 10, der früheren Propstei der Petrikirche, und an der Landesvertretung des Freistaates Sachsen, kommen wir zum

Friedrich Nicolai. Gemälde von Anton Graff

❽ Wohnhaus von Friedrich Nicolai Nicolai-Museum Brüderstraße 13

Das Haus wurde 1787 von dem Schriftsteller und Verleger Friedrich Nicolai erworben und von dessen Freund Carl Friedrich Zelter, dem nachmaligen Direktor der Berliner Singakademie, umgebaut. Das dreigeschossige, mit hofseitigen Galerien ausgestattete Gebäudeensemble gehört zu den schönsten Bürgerhäusern Berlins aus dem 18. Jahrhundert. Es wartet, unter Schirmherrschaft der Stiftung Stadtmuseum, mit wechselnden Ausstellungen zu Themen der Berlin-Geschichte auf.

Friedrich Nicolai (1733–1811) hatte nach einer Buchhandelslehre 1758 die väterliche Verlagsbuchhandlung übernommen, die in den folgenden Jahrzehnten zu einem Zentrum des geistigen Lebens in Berlin wurde. Für die in seinem Verlag herausgegebenen Blätter *Briefe, die neueste Literatur betreffend* und *Allgemeine Deutsche*

Eduard Gärtner, *Die Brüderstraße mit der Petrikirche*, 1863. Gemälde

Bibliothek, publizistische Foren der Aufklärung, war es ihm gelungen, so hervorragende Beiträger wie Gotthold Ephraim Lessing oder Moses Mendelssohn zu gewinnen. Seit 1784 Mitglied der Münchner und seit 1799 der Berliner Akademie, trat er mehr und mehr als »Literaturpapst« auf. Die neue Generation der Schriftsteller, Herder, Goethe und Tieck u. a., lieferte sich heftige Fehden mit ihm. Nicolais eigenes literarisches Werk, darunter Aufsätze und Reisebeschreibungen, Erzählungen und Romane, ist zum großen Teil vergessen. Eine Fundgrube für historisch Interessierte stellt noch immer seine akribisch recherchierte, mehrfach aktualisierte Beschreibung der königlichen Residenzstadt Berlin von 1769 dar.
Dem Nicolai-Haus gegenüber war im 18. Jahrhundert die »Baumanns-höhle«, ein Weinlokal, in dem sich Lessing, Mendelssohn, Ramler und Nicolai zu treffen pflegten. Am südlichen Ende der Brüderstraße stoßen wir auf die Scharrenstraße und den

❾ Schauplatz des Romans
L'Adultera
Petriplatz
»Unten bewegte sich das bunte Treiben eines Markttages, dem die junge Frau gern zuzusehen pflegte. Was sie daran am meisten fesselte, waren die Gegensätze. Dicht an der Kirchentür, an einem kleinen, niedrigen Tische, saß ein Mütterchen, das ausgelassenen Honig in großen und kleinen Gläsern verkaufte, die mit ausgezacktem Papier und einem roten Wollfaden zuge-

bunden waren. Ihr zunächst erhob sich eine Wildhändlerbude, deren sechs aufgehängte Hasen mit traurigen Gesichtern zu Melanie hinübersahen, während in Front der Bude (das erfrorene Gesicht in einer Kapuze) ein kleines Mädchen auf und ab lief und ihre Schäfchen, wie zur Weihnachtszeit, an die Vorübergehenden feilbot«, schreibt Fontane in *L'Adultera.*
Die Petrikirche wurde im Zweiten Weltkrieg zerstört, die Ruine später abgerissen. Rund um den Platz haben nur wenige historische Häuser überdauert.
Auf der am Petriplatz vorbeiführenden Scharrenstraße gehen wir bis zur Breiten Straße, in die wir links einbiegen. Wo heute DDR-Plattenbauten stehen, befand sich im 19. Jahrhundert das

❿ Ehemalige Verlagshaus Julius Springer
Breite Straße 20
Eine Gedenktafel erinnert daran, daß Julius Springer (1817–1877) hier 1842 eine Buchhandlung gründete, aus der einer der bis heute weltweit größten Wissenschaftsverlage hervorgehen sollte. 1860 brachte Springer Fontanes Reiseberichte *Jenseit des Tweed* heraus.
Nur wenige Schritte entfernt steht auf der gegenüberliegenden Seite das

⓫ Ribbeck-Haus
Breite Straße 35
Dies ist das einzige in Berlin erhaltene Gebäude aus der Epoche der Spät-

Breite Straße, um 1855. Stahlstich nach C. Würbs. Im Hintergrund das Stadtschloß

renaissance. Der Name des Gebäudes, Ribbeck-Haus, läßt in unserem Zusammenhang aufhorchen und an eines der bekanntesten Fontane-Gedichte denken. Als Vorlage für die 1889 erschienene Ballade *Herr von Ribbeck auf Ribbeck im Havelland* hatte dem Dichter eine volkstümliche Sage gedient, die sich um einen der Angehörigen des weitverzweigten brandenburgischen Adelsgeschlechts rankt. Das Ribbeck-Haus wird heute vom Zentrum für Berlin-Studien genutzt.
Links und rechts schließen sich die Berliner Stadtbibliothek und der Alte Marstall an. Wir wenden uns abermals der anderen Straßenseite zu.

⓬ Ehemalige Redaktion der »Vossischen Zeitung« Breite Straße 8
In dem nicht mehr bestehenden Haus war von 1818 bis 1918 die *Vossische Zeitung* ansässig, bei der 1870 der 51jährige Fontane das Ressort Theaterkritik übernahm. Über zwei Jahrzehnte blieb er hier tätig. Am 12. Januar 1891 erschien – zu Gerhart Hauptmanns Stück *Einsame Menschen* – seine letzte Theaterkritik für das Blatt. Von den Mitarbeitern und Lesern wurde die Zeitung »Tante Voss« oder kurz »Vossin« genannt. Dagegen trug das seit 1740 bei Haude und Spener erscheinende Konkurrenzblatt, die *Berlinischen Nachrichten*

Der Schloßplatz mit Stadtschloß (re.), dem Neuen Marstall (li.) und der Kurfürstenbrücke.

von Staats- und gelehrten Sachen, den Spitznamen »Onkel Spener«.
Am nördlichen Ende der Straße gelangen wir auf den Schloßplatz und damit auf Fontanes Schulweg zurück.

⓭ Ehemaliges Stadtschloß

Ausgegrabene Fundamente und Informationstafeln erinnern auf dem abgeräumten, nur noch wenig ansehnlichen Platz an einen der schmerzlichsten baukünstlerischen Verluste, den Berlin durch die Kriegs- und Nachkriegszeit erlitten hat. 500 Jahre lang hat hier das Stadtschloß gestanden, das aus einer 1443–51 angelegten

Burg und einem seit 1538 von Caspar Theiß errichteten Renaissanceschloß hervorgegangen war. Seine endgültige Gestalt erhielt es zwischen 1688 und 1713 durch die Barockbaumeister Andreas Schlüter und Eosander von Göthe. Im 18. und 19. Jahrhundert wurde es von namhaften Architekten immer wieder den Bedürfnissen der Zeit angepaßt. Mit der 71 Meter hohen Kuppel bildete es nicht nur unübersehbar die bauliche Mitte der Stadt, sondern auch den architektonischen Bezugspunkt für alle übrigen am Schloßplatz gelegenen Gebäude.
Gleich in seinem ersten, 1878 veröffentlichten Roman *Vor dem Sturm*

Links hinten mündet die Breite Straße ein. Um 1905

setzte Fontane dem Wohnsitz der preußischen Könige ein literarisches Denkmal: »Berndt trat an das Fenster und sah geradeaus über den Fluß hin, auf die gotischen, im hellen Morgenschein erglänzenden Giebel des hier noch mittelalterlich gebliebenen Schlosses. ›Das kann nicht über Nacht verschwinden‹, sprach er vor sich hin ...« Die düstere Vorahnung, die in den Worten mitschwingt, wurde im 20. Jahrhundert Wirklichkeit. Als der Zweite Weltkrieg in die Stadt zurückkam, in der er angezettelt worden war, begann auch der Untergang des Schlosses. Am 3. Februar 1945 von alliierten Bombern schwer getroffen,

folgten 1950/51, trotz Wiederaufbauabsichten, Sprengung und Abriß.

Auf dem östlichen, der Spree zugewandten Teil des Schloßgrundstücks erfolgte 1974–76 der Bau des inzwischen aufgelassenen Palasts der Republik. In ihm waren neben der DDR-Volkskammer und den Fraktionsräumen zahlreiche Freizeiteinrichtungen untergebracht.

Vom Schloßplatz aus wenden wir uns dem östlichen Teil der Werderstraße zu und passieren den Neuen Marstall, der 1898, im Todesjahr Fontanes, errichtet wurde. Wir überqueren die Rathausbrücke, die ursprünglich Lange Brücke hieß. Sie war nach der

Mühlendammbrücke die zweite im Mittelalter angelegte Verbindung über den östlichen Spreearm. Die heutige Brücke entstand nach dem Zweiten Weltkrieg. Rechts vor uns liegt das Nikolaiviertel mit Berlins ältestem Gotteshaus, der Nikolaikirche. Das historische Stadtquartier wurde 1980–87 unter Einbeziehung einiger weniger erhaltener Gebäude neu aufgebaut.

⓮ Schauplatz des Romans
Vor dem Sturm
Königstraße,
heute Rathausstraße
Die an der Rathausbrücke beginnende Rathausstraße führte über die Königsbrücke weiter bis zum Alexanderplatz und hieß ursprünglich Königstraße. In Fontanes *Vor dem Sturm. Roman aus dem Winter 1812 auf 13* wohnt hier der Geheimrat von Ladalinski.

Hinter der Rathausbrücke biegen wir links in den heute unbebauten und namenlosen Uferweg an der Spree, der bis zur Zerstörung im Zweiten Weltkrieg den südlichen Teil der historischen Burgstraße bildete.

⓯ Ehemaliges Hotel
»König von Portugal«
Burgstraße 12
Hier, gegenüber dem Schloß, stand seit 1699 der bekannte Gasthof »König von Portugal«. In ihm läßt Fontane Berndt von Vitzewitz in *Vor dem Sturm* absteigen. Das Hotel zählte bald zu den Häusern »erster Klasse«. Angebot und Service waren, gemessen an den Standards anderer europäischer Metropolen, dennoch überaus bescheiden.
Am 6. September 1826 notierte der österreichische Dramatiker Franz

Die Burgstraße, vor 1885.
Re. Hotel »König von Portugal«, 6. Haus daneben: Wohnung von August Fontane

Grillparzer in sein Reisetagebuch: »Im Könige von Portugal zu Nacht gegessen, wo die Speisekarte aus zwei warmen und drei kalten Gerichten bestand. In Wien ist man mit zwanzig Nummern kaum zufrieden. Ländlich, sittlich. Zu jeder warmen Speise erhält man unaufgefordert gesottene Kartoffeln.«

Franz Grillparzer (1791–1872), unausgefüllt von der Tätigkeit als Staatsbeamter, entfaltete ab den 20er Jahren des 19. Jahrhunderts eine rege Reisetätigkeit. Nebenher entstand sein schriftstellerisches Werk. Hatte er 1817 mit der Tragödie *Die Ahnfrau* einen ersten großen Erfolg erringen können, so stießen seine folgenden Stücke beim Publikum auf weitgehendes Unverständnis. Verbittert und von Depressionen heimgesucht, zog er sich vom Theater zurück. Erst im Alter fand Österreichs bedeutendster dramati-

Franz Grillparzer.
Zeichnung von J. Schmeller

scher Dichter die ihm gebührende Anerkennung. Fontane hat als Theaterkritiker der »Vossin« mehrfach Aufführungen der Grillparzerschen Trauerspiele besprochen, darunter *Medea* und *Des Meeres und der Liebe Wellen*. Zu den Gästen des Hotels »König von Portugal« zählten ferner Wilhelm Hauff und Fritz Reuter. Und bereits 1767 hatte Gotthold Ephraim Lessing (1729–1781) den Gasthof unter dem leicht verfremdeten Namen »König von Spanien« zum Schauplatz seines Lustspiels *Minna von Barnhelm* gemacht.

Lessing war im Dezember 1748 das erste Mal nach Berlin gekommen und arbeitete u. a. an der *Vossischen Zeitung* mit, an die ihn sein Vetter, der Wissenschaftsjournalist Christlob Mylius, geholt hatte. Im Frühjahr 1751 ging er nach Wittenberg, um seine Studien abzuschließen, und kehrte im

Gotthold Ephraim Lessing. Gemälde von Johann Heinrich Tischbein d. Ä., 1760

Herbst des darauffolgenden Jahres nach Berlin zurück. Die produktive Freundschaft mit Moses Mendelssohn und Friedrich Nicolai dürfte zu den wenigen Lichtblicken seines Aufenthalts in der preußischen Residenzstadt gehört haben. Eine Anstellung, die den Lebensunterhalt abgesichert hätte, konnte er nicht finden. Nach der Stelle als Sekretär beim General von Tauentzien in Breslau war er zunächst Dramaturg in Hamburg, bevor er 1770 als Bibliothekar an die herzogliche Bibliothek nach Wolfenbüttel ging. 1765– 66 war er zum letztenmal zu Besuch in Berlin. *Wenige Schritte weiter war Theodor Fontanes erste feste Adresse in Berlin.*

August Fontane. Selbstporträt, 1828

⓰ Ehemalige Wohnung von August Fontane Burgstraße 18

Von hier aus trat Fontane anderthalb Jahre lang, von Oktober 1833 bis Frühjahr 1835, den täglichen Schulweg an. Als Abkürzung, abweichend von der beschriebenen Strecke, könnten ihm, insbesondere wenn er es morgens eilig hatte, Breite Straße, Spreegasse, Jungfernbrücke und die heute nicht mehr bestehende Alte Leipziger Straße gedient haben. In der Wohnung von »Onkel August« und »Tante Pinchen« hat der 14jährige nach kurzer Unterbringung in einer Schülerpension (Wallstraße 73) glücklich Aufnahme gefunden.

»Um die genannte Zeit, wo ich damals meinen Einzug hielt, lag noch Sonnenschein, echt oder unecht, über dem Hause. Mir tat dieser Sonnenschein wohl, und wie dies, bei all seinen Mängeln, mit viel Hübschem und Apartem ausgestattete Haus in seinen Einzelheiten war, davon will ich hier zunächst erzählen.

Das Haus, das nur drei Fenster Front hatte, gehörte dem Dr. Bietz, einem lebensklugen, nicht allzu beschäftigten Arzte, der sich mit der ersten Etage begnügte. Der zweite Stock aber ... war unser, ebenso das Erdgeschoß, in dem sich die Geschäftsräume befanden, ein großer schöner Laden, dem sich allerhand Rumpelkammern anschlossen. Alles in dem Hause war winklig und verbaut, was ihm aber, verglichen mit den nichtssagenden Patentwohnungen unserer Tage, die wie aus der Schachtel genommenes Fabrikspielzeug wirken, einen großen Reiz verlieh. Alles prägte

28

sich ein, und je sonderbarer es war, desto mehr«, erinnert sich Fontane in seiner Autobiographie *Von Zwanzig bis Dreißig.*

Der verwinkelte Charakter der Wohnungen ergab sich aus dem Zuschnitt des relativ schmalen, langgestreckten Grundstücks. Baulich entsprach die Anlage noch ganz dem 18. Jahrhundert. In der von Dr. med. Bietz veranlaßten Taxa vom Juni 1826, dem frühesten überlieferten Eintrag in den Feuerversicherungsakten, wurde der Wert des Hausbesitzes auf stolze 25 000 Taler beziffert. Im Vergleich dazu betrug 1847 der Erstversicherungswert des Hauses Potsdamer Straße 134 c (vgl. S. 175 ff.), in dem Fontane seine letzte Berliner Bleibe fand, gerade einmal 10 825 Taler. So wie bei »Onkel August« und »Tante Pinchen« hat Fontane später nie mehr gewohnt. Kein Wunder, daß die altvornehme Wohnung in der Burgstraße zeitlebens ein Maßstab blieb für die Bewertung der eigenen Unterkünfte und all derjenigen, die er seinen Romanfiguren zuwies.

»An Sommerabenden lagen wir hier im Fenster und sahen die Spree hinauf und hinunter. Es war mitunter ganz feenhaft, und wer dann von der ›Prosa Berlins‹, von seiner Trivialität und Häßlichkeit hätte sprechen wollen, der hätt einem leid tun können. In dem leisen Abendnebel stieg nach links hin das Bild des Großen Kurfürsten auf und dahinter das Schleusenwerk des Mühlendamms, gegenüber aber lag das Schloß mit seinem ›Grünen Hut‹ und seinen hier noch vorhandenen gotischen Giebeln, während in der Spree

Philippine Fontane.
Ölbild von August Fontane, 1835

selbst sich zahllose Lichter spiegelten.«

Weniger positiv war der erzieherische Einfluß, den das windige Ehepaar auf ihn ausübte. August Fontane, der Halbbruder seines Vaters, war als Maler und Schauspieler gescheitert und betrieb jetzt im Erdgeschoß des Hauses ein Malutensiliengeschäft. Frau Philippine hatte ihrem Mann zuliebe den Beruf als Schauspielerin an den Nagel gehängt.

»Daß das mit dem Lernen so bis zum Lachen traurig verlaufen würde«, erinnert Fontane sich, »davon hatte ich, als ich Herbst 33 in Berlin eintraf, natürlich keine Vorstellung. Ich freute mich nur von meiner Ruppiner Pension aus, wo der alte hektische Superintendent immer – auch bei Tisch – ein

29

Der Kaiser unternimmt vom Königlichen Schloß aus eine Spazierfahrt.
Ansicht von der Burgstraße aus, re. der Berliner Dom, um 1905

großes Hustenglas neben sich stehen hatte, nach Berlin gekommen zu sein und noch dazu zu meinem ›Onkel August‹, der – soviel wußt' ich von gelegentlichen Ferienbesuchen her – immer so fidel war und immer so wundervolle Berliner Geschichten erzählte. Mitunter sogar unanständige. Das mußte nun ein reizendes Leben werden!

Und in gewisser Beziehung ging mir das auch in Erfüllung. Nur zeitweilig ergriff mich, in beinahe schwermütiger Stimmung, ein Hang nach Arbeit und solider Pflichterfüllung, mein bestes Erbstück von der Mutter her. Von dem allem aber existierte nichts in meines Onkel Augusts Hause. Da war alles auf Schein, Putz und Bummelei gestellt: medisieren und witzeln, einen Windbeutel oder einen Baiser essen, heute bei Josty und morgen bei Stehely, nichts tun und nachmittags nach Charlottenburg ins Türkische Zelt fahren – das war so Programm. Wo das Geld dazu herkam, erworben oder nicht erworben, war gleichgültig, wenn es nur da war.«

1835 zogen die Fontanes von der Burgstraße in die Große Hamburger Straße 30/30a (vgl. S. 38 ff.), so daß sich Theodors Schulweg deutlich verlängerte.

Wir gehen jetzt am Spreeufer in nördlicher Richtung weiter und steigen die Treppen zur Karl-Liebknecht-Straße hinauf. Auf der anderen Straßenseite befindet sich der in Formen des römischen Barock 1894–1905 errichtete Berliner Dom, die ehemalige Grab-

und Hofkirche der Hohenzollern. Wir gehen nach rechts bis zur Kreuzung Spandauer Straße. An der Ecke stand früher das Geburtshaus von Rahel Levin (vgl. S. 127). Vor uns, am ehemaligen Neuen Markt, sehen wir die mittelalterliche Marienkirche, Berlins zweitältestes Gotteshaus. Mitten auf der heutigen Karl-Liebknecht-Straße stand bis 1886 das Haus eines berühmten Philosophen.

⓱ Ehemaliges Wohnhaus von Moses Mendelssohn Spandauer Straße 68, später Nr. 33

An dem Gebäude, das beim Bau der Kaiser-Wilhelm-Straße (heute Karl-Liebknecht-Straße) abgerissen wurde, stand auf einer Tafel über dem Eingang: »In diesem Haus lebte und wirkte Unsterbliches – Moses Mendelssohn.«

Moses Mendelssohn (1729–1786) stammte aus bescheidenen Verhältnissen und war als 14jähriger aus Dessau nach Berlin gekommen. Mit Unterstützung von Gönnern studierte er Sprachen, Philosophie und Mathematik. 1750 trat er eine Hauslehrerstelle bei dem Seidenfabrikanten Bernhard an, der ihm einige Jahre später die Buchhaltung der Manufaktur anvertraute. Nach dem Tod seines Brotherrn wurde er Geschäftsführer des Unternehmens. Neben der kaufmännischen Tätigkeit, die er ein Leben lang ausübte, entstanden ab Mitte des 18. Jahrhunderts seine ästhetischen und philosophischen Schriften, die ihn in ganz Europa bekannt machten.

Wohnhaus von Moses Mendelssohn, um 1885

Sein Eintreten für Gewissensfreiheit und Toleranz, für die Emanzipation der Juden und die Gleichberechtigung der Religionen beschränkte sich nicht nur auf die geistige Auseinandersetzung. Als Schatzmeister der Jüdischen Gemeinde kümmerte er sich auch um sehr praktische Belange. So gründete er zusammen mit David Friedländer die Jüdische Freyschule, in der es auch Kindern aus armen Familien ermöglicht wurde, sich eine umfassende Bildung anzueignen. In der Figur des Nathan hat Lessing, zeitweilig Mieter im Mendelssohnschen Haus, dem Freund ein bleibendes literarisches Denkmal gesetzt.

Wir überqueren an der Ampelkreuzung die Karl-Liebknecht-Straße und biegen in den nördlichen, zum Hacke-

schen Markt führenden Abschnitt der Spandauer Straße ein. *Als Teil des erstmals 1272 erwähnten Heiliggeist-Spitals ist die erhaltene Kapelle auf der linken Straßenseite eines der ältesten Bauwerke Berlins. An der östlichen Seite ging die historische Bebauung gänzlich verloren. Entlang des Straßenzuges erstreckt sich ein zu DDR-Zeiten errichteter Neubaublock, der zugleich die ehemals hier abzweigende Heidereutergasse verschwinden ließ. An dieser Ecke befand sich Fontanes Lehrapotheke.*

Apotheke »Zum Weißen Schwan«, um 1840

⑱ Ehemalige Apotheke »Zum Weißen Schwan« Spandauer Straße 77

Am 1. April 1836 trat Theodor Fontane hier seine Lehre an und bezog, wie es bei den Auszubildenden und Gehilfen üblich war, ein Zimmer im Haus der Apotheke. Hatte er schon den Beruf ohne Überzeugung ergriffen, so stieß ihn bald auch die »Geldsackgesinnung« seines Lehrherrn, Wilhelm Rose, ab.

»Dieser – übrigens erst ein Mann in der ersten Hälfte der Vierzig – war, auf Gesellschaftlichkeit hin angesehn, nichts weniger als interessant, aber doch ein dankbarer Stoff für eine Charakterstudie. Hätte man ihn einen Bourgeois genannt – ich weiß nicht, ob das Wort damals schon im Schwange war –, so hätte er sich einfach entsetzt; er war aber doch einer. Denn der Bourgeois, wie ich ihn auffasse, wurzelt nicht eigentlich oder wenigstens nicht ausschließlich im Geldsack; viele Leute, darunter Geheimräte, Professo-

ren und Geistliche, Leute, die gar keinen Geldsack haben oder einen sehr kleinen, haben trotzdem eine *Geldsackgesinnung* und sehen sich dadurch in der beneidenswerten oder auch nicht beneidenswerten Lage, mit dem schönsten Bourgeois jederzeit wetteifern zu können. Alle geben sie vor, Ideale zu haben; in einem fort quasseln sie vom ›Schönen, Guten, Wahren‹ und knicksen doch nur vor dem Goldenen Kalb, entweder indem sie tatsächlich alles, was Geld und Besitz heißt, umcouren oder sich doch heimlich in Sehnsucht danach verzehren.« Die Lehrjahre hat Fontane dennoch nicht als verlorene Zeit empfunden. Der anstrengende »Frontdienst« in der Offizin schärfte im Umgang mit den Kunden seine Beobachtungsgabe. Die ruhigeren, meist mechanischen

Tätigkeiten in der »Reserve«, dem Laboratorium der Apotheke, ließen ihm viel Zeit zum Nachdenken und – Dichten. In die Lehrjahre fielen denn auch seine frühen poetischen Versuche. Der Eitelkeit des Prinzipals Rose schmeichelte es sogar, daß sein Schutzbefohlener nicht nur die Fachliteratur, sondern auch – und zwar exzessiv – die Schriften der Autoren des Jungen Deutschland las, darunter Karl Gutzkow und Heinrich Laube.

Das aufgesetzt Musische im Hause Rose, das Fontane im Rückblick eher mit Ironie betrachtete, half doch, Wissenslücken zu schließen und die literarische Begabung heranzubilden. Bereits am Ende der Lehrzeit erschienen im *Berliner Figaro* seine ersten Gedichte und die Novelle *Geschwisterliebe*. Auch die ersten Kontakte zu Dichter-Vereinen, dem Lenau- und dem Platen-Klub, entstanden. Noch Jahrzehnte später beschäftigte ihn die Zeit in der Apotheke »Zum Weißen Schwan«. In dem unvollendet gebliebenen Roman *Allerlei Glück* trägt die Hauptfigur deutlich Züge seines Lehrherrn.

Im Januar 1840 erhielt Fontane seinen Lehrabschluß und blieb noch bis zum Herbst im Roseschen Haus. Dann begannen die insgesamt vier »Konditionsjahre« als Apothekergehilfe, die ihn zuerst nach Burg bei Magdeburg führten, schließlich nach Dresden und Leipzig.

Wir setzen unseren Weg in Richtung S-Bahnhof Hackescher Markt (ursprünglich Bahnhof Börse) fort. Wir gehen unter den S-Bahn-Bögen hindurch und erreichen die Neue Promenade. Seit dem späten 18. Jahrhundert entwickelte sich die Straße zu einer beliebten Wohnadresse des intellektuellen Berlin, in der u. a. Johann Gottlieb Fichte und Abraham Mendelssohn mit seiner Familie (vgl. S. 155 f.) wohnten.

 **Ehemaliges Wohnhaus von Anna Louisa Karsch**
Neue Promenade 1,
früher Kommandantenstraße

Auf der dreieckigen Freifläche stand das Haus, in dem von 1789 bis zu ihrem Tod die Dichterin Anna Louisa Karsch (1722–1791) wohnte. Die »Karschin«, die aus ärmlichen Verhältnissen stammte, galt als dichterisches Naturtalent. Aus Schlesien nach Berlin gekommen, war sie die erste Frau in Deutschland, die das Wagnis einging, vom Ertrag ihrer schriftstellerischen Arbeit zu leben. König Friedrich Wilhelm II. schenkte ihr das Haus

Anna Luisa Karsch

in der Kommandantenstraße. Lesenswert geblieben ist bis heute ein Teil ihrer Naturgedichte und Kriegsklagen, vor allem aber ihr kulturhistorisch aufschlußreicher Briefwechsel mit Dichterkollegen wie Goethe und Gleim.

Gegenüber der Freifläche befand sich die

⑳ Wohnung von Karl Wilhelm Ramler Neue Promenade 5

Karl Wilhelm Ramler (1725–1798) hatte mit 23 Jahren eine Professur an der Berliner Kadettenschule erhalten und war später Direktor des Theaters am Gendarmenmarkt geworden. In seinen beiden letzten Lebensjahren wohnte er in diesem noch erhaltenen Haus.

Karl Wilhelm Ramler

Als Dichter und Übersetzer in seiner Zeit hochgeschätzt, zählten Ewald von Kleist, Lessing und Nicolai zu seinen Freunden. Zusammen mit Johann Georg Sulzer hat Ramler 1750 die *Kritischen Nachrichten aus dem Reiche der Gelehrsamkeit* und 1759 mit Lessing die damals in Vergessenheit geratenen Sinngedichte von Friedrich von Logau herausgegeben. Wie an so vielen Berliner Häusern, in denen bedeutende Persönlichkeiten der Stadt gewohnt haben, fehlt auch hier eine Hinweistafel.

Wir folgen der Neuen Promenade bis zum Hackeschen Markt, auf den von Norden her die Rosenthaler Straße stößt. Gleich am Anfang liegt Deutschlands größte Wohn- und Gewerbehofanlage.

㉑ Hackesche Höfe Rosenthaler Straße 40/41

Der Komplex wurde 1906 eröffnet und ist nach seiner detailgetreuen Restaurierung in den 90er Jahren eine der touristischen Attraktionen der Bundeshauptstadt geworden. Spektakulär ist noch immer die Gestaltung des ersten Hofes, für die der Jugendstilarchitekt August Endell verantwortlich zeichnete.

In den einstigen Ball- und Festsälen, die heute vom Varieté Chamäleon genutzt werden, fand 1909 die Gründungsversammlung des »Neuen Clubs« statt. Aus ihm entwickelte sich das »Neopathetische Cabaret«, das zu einer wichtigen Lesebühne der jungen Dichter vor dem Ersten Weltkrieg wurde. Zu den Gründern des »Neuen

Jakob van Hoddis, um 1907

Clubs« zählte neben Kurt Hiller und Erich Loewenson auch Hans Davidsohn, der sich als Dichter Jakob van Hoddis nannte. Seine visionären, durch Ironie gebrochenen Texte, in denen er sich neuer sprachlicher Mittel, eines assoziativen und simultanen Stils bediente, hatten prägenden Einfluß auf den Frühexpressionismus in Deutschland.

Als Sohn eines Arztes in Berlin geboren, studierte Jakob van Hoddis (1887–1942) Architektur, schließlich Klassische Philologie. Er schrieb für Herwarth Waldens Zeitschrift *Der Sturm* und für Franz Pfemferts *Aktion*. 1911 veröffentlichte er sein wohl berühmtestes Gedicht *Weltende*, das auch die

von Kurt Pinthus in den 20er Jahren herausgegebene und seither vielfach aufgelegte Anthologie *Menschheitsdämmerung* einleitet. 1918 erschien ein Sammlung seiner Gedichte unter demselben Titel. Van Hoddis, bei dem sich seit 1912 erste Anzeichen von Schizophrenie gezeigt hatten und der ab 1933 dauerhaft in der Israelitischen Kuranstalt in Bendorf-Sayn bei Koblenz untergebracht war, wurde 1942 deportiert und ermordet. Seit wenigen Jahren erinnert eine Gedenktafel im Haupteingang der Hackeschen Höfe an den Dichter.

Wir verlassen die Hackeschen Höfe durch den hinteren Ausgang und treten auf die Sophienstraße hinaus, die mit ihren drei- und viergeschossigen Häusern noch den vorstädtischen Charakter des Gebiets bewahrt hat. Hier siedelte Alfred Döblin die Eingangsszene seines berühmten Romans »Berlin Alexanderplatz« an.

㉒ Schauplatz des Romans *Berlin Alexanderplatz* von Alfred Döblin Sophienstraße

Franz Biberkopf, Held des Romans und soeben aus der Haftanstalt in Tegel entlassen, wo er eine Strafe wegen Totschlags abgesessen hat, bog ein »in die schmale Sophienstraße. Er dachte, diese Straße ist dunkler, wo es dunkel ist, wird es besser sein... Die Wagen tobten und klingelten weiter, es rann Häuserfront neben Häuserfront ohne Aufhören hin. Und Dächer waren auf den Häusern, die schwebten auf den Häusern, seine Augen irrten nach

Heinrich George als Franz Biberkopf
in *Berlin Alexanderplatz,* 1931

oben; wenn die Dächer nur nicht ab-
rutschten, aber die Häuser standen
grade. Wo soll ick armer Deibel hin, er
latschte an der Häuserwand lang, es
nahm kein Ende damit...
Da war ein Haus, er nahm den Blick
weg von dem Pflaster, eine Haustür
stieß er auf, und aus seiner Brust kam
ein trauriges brummendes oh, oh. Er
schlug die Arme umeinander, so mein
Junge, hier frierst du nicht... Er ächzte
jetzt, ihm tat wohl zu ächzen. Er hatte
in der ersten Einzelhaft immer so ge-
ächzt und sich gefreut, daß er seine
Stimme hörte, da hat man was, es ist
noch nicht alles vorbei.«
»Die Geschichte vom Franz Biberkopf«, der sich nach der Entlassung
aus dem Gefängnis vornimmt, »an-
ständig« zu werden, und dabei fast

zugrunde geht, erschien 1929 und
machte den 51jährigen Autor weltbekannt (vgl. S. 75 f.).
*Wir wenden uns nach links und errei-
chen nach wenigen Metern das*

㉓ Ehemalige Berliner Handwerkervereinshaus Sophienstraße 17/18

Der 1844 gegründete Berliner Handwerkerverein kaufte zu Beginn des
20. Jahrhunderts dieses Grundstück
und ließ neben einigen baulichen Veränderungen am bestehenden Vorder-
haus die heutige Hofanlage errichten.
Im Quergebäude entstanden die So-
phiensäle, die vor und nach dem Ersten Weltkrieg als Versammlungsort
der Berliner Arbeiterschaft dienten.

Johannes R. Becher

1928 fand hier die Gründungsversammlung des Bundes proletarisch-revolutionärer Schriftsteller statt. Zum Vorsitzenden wurde der Dichter Johannes R. Becher (1891–1958) gewählt. Becher, später Kulturminister in der DDR, trat als Medizinstudent mit ersten dichterischen Versuchen hervor. 1914 erschien sein erster Gedichtband, *Verfall und Triumph*, in dem er in ausdrucksstarken Versen sein Unbehagen an der bürgerlichen Welt artikulierte.

Die Gebäude des ehemaligen Handwerkervereins werden seit einigen Jahren für Theateraufführungen und Ausstellungen genutzt.

Lohnenswert ist ein Blick in die Sophie-Gips-Höfe (Sophienstraße 21/ 22). In der gründerzeitlichen Fabrikhofanlage hat seit Mitte der 90er Jahre die Sammlung Hoffmann mit Arbeiten der zeitgenössischen Kunst ihr Domizil. Die Sophienstraße mündet in die Große Hamburger Straße, in der seit 1854 Berlins ältestes Katholisches Krankenhaus, das St. Hedwig-Krankenhaus, untergebracht ist. Wir halten uns nach links.

㉔ Sophienkirche und Kirchhof

Das 1713 eingeweihte evangelische Gotteshaus war von der Königin Sophie Luise, der dritten Gemahlin König Friedrich I., gestiftet worden. Friedrich Wilhelm I., der »Soldatenkönig«, ließ 1734 auf seine Kosten den Turm errichten, Berlins einzigen erhaltenen barocken Kirchturm.

Auf dem Kirchhof wurden im 18. Jahrhundert Anna Louisa Karsch und

Carl Friedrich Zelter. Miniatur von August Grahl, nach 1831

Karl Wilhelm Ramler beigesetzt. An beide wird, da die Gräber nicht mehr existieren, mit Gedenktafeln erinnert. Zu den Ehrengräbern der Stadt Berlin gehört die Ruhestätte von Carl Friedrich Zelter (1758–1832). Der gelernte Maurer, der 1783 seine Meisterprüfung ablegte und zunächst den väterlichen Baubetrieb weiterführte, wurde eine der wichtigsten Persönlichkeiten des Berliner Musiklebens im frühen 19. Jahrhundert. 1800 übernahm er die Leitung der Berliner Singakademie und machte sich insbesondere um die Wiederentdeckung des Bachschen Werks verdient. Er selber schuf Vertonungen zu zahlreichen Goethe-Gedichten. Daraus entstand zwischen ihm und dem Weimarer Dichterfürsten eine enge Freundschaft. Zelter wirkte auch erfolgreich als Lehrer. Zu seinen Schülern zählten Felix Mendelssohn Bartholdy und Giacomo Meyerbeer.

Auf dem südlichen Teil des Kirchhofs, der an das Grundstück des Jüdischen Gymnasiums grenzt, befindet sich das Wandgrabmal von Leopold von Ranke. Die Porträtbüste stammt von dem Bildhauer Friedrich Drake, Schöpfer der Viktoria auf der Siegessäule. Ranke, der 1865 in den Adelsstand erhoben wurde und den offiziellen Titel »Historiograph des preußischen Staates« trug, setzte mit seinen detaillierten, streng quellenkritischen Untersuchungsmethoden Maßstäbe in der historischen Forschung. Seit 1825 war er an der Berliner Universität tätig, wo er 1834 einen eigenen Lehrstuhl erhielt. Die Ruhestätte Rankes ist ebenfalls als Ehrengrab der Stadt Berlin ausgewiesen.

Links vom Zugang zum Kirchengelände fällt unser Blick auf die Wohngebäude der Sophiengemeinde. An deren Stelle stand bis 1904 ein Vorgängerhaus.

㉕ Ehemalige Wohnung von August Fontane
Große Hamburger Straße 30/31, früher 30/30 a
Hierher zogen Ostern 1835 »Onkel August« und »Tante Pinchen«. Ihr Neffe Theodor hatte nun allmorgendlich auf dem Weg zur Schule erst die Oranienburger Straße und den Monbijouplatz zu überqueren, durch die Kleine Präsidentenstraße und über die heute nicht mehr vorhandene Herku-

lesbrücke zu gehen, ehe die Burgstraße in Sicht kam.

August Fontane, mit seinem Malutensiliengeschäft in finanzielle Turbulenzen geraten, hatte dort die gutbürgerliche Wohnung (vgl. S. 28 ff.) aufgeben und sich nach einer bescheideneren Bleibe umsehen müssen.

»Dieser Neubau war ein Doppelhaus, dessen gemeinschaftlicher Hof durch eine traurig aussehende niedrige Mauer in zwei Längshälften geteilt wurde. Trotzdem alles ganz neu war, war alles auch schon wieder halb verfallen, häßlich und gemein, und wie der Bau, so war auch – ein paar Ausnahmen abgerechnet – die gesamte Bewohnerschaft dieser elenden Mietskaserne. Lauter gescheiterte Leute hatten hier, als Trockenwohner, ein billiges Unterkommen gefunden: arme Künstler, noch ärmere Schriftsteller und bankrotte Kaufleute, namentlich aber Bürgermeister und Justizkommissarien aus kleinen Städten, die sich zur Kassenfrage freier als statthaft gestellt hatten. Eine Gesamtgesellschaft, in die, was mir damals glücklicherweise noch ein Geheimnis war, mein entzükkender Onkel August – er war wirklich entzückend – durchaus hineingehörte. Wir wohnten Parterre. Das von mir bezogene Zimmer, das so feucht war, daß das Wasser in langen Rinnen die Wände hinunterlief, lag schon in einem uns von dem alten Judenkirchhof abtrennenden Seitenflügel, welch letzterer sich, nachdem man einen kleinen, sich einschiebenden Zwischenflur passiert hatte, weit nach hinten fortsetzte. Was in diesem letzten Ausläufer des Seitenflügels alles zu

**Große Hamburger Straße 36–29, 1887. Neben dem »Hamburger Wappen«
das Haus, in dem der Schüler Fontane wohnte.**

Hause war, war mehr interessant als
schön«, erinnert sich Theodor Fontane.

Für die bis heute herrschende Verwirrung um die Adresse in der Großen
Hamburger Straße hat er indes selber
gesorgt. In seinen autobiographischen
Aufzeichnungen *Von Zwanzig bis
Dreißig* verlegte er das Gebäude irrtümlich an den Alten Jüdischen Friedhof, so daß in der Literatur immer wieder die Große Hamburger Straße 25
als Wohnadresse ins Spiel gebracht
wird. Tatsächlich aber befand sich der
Neubau am Sophienkirchhof.

Auch Fontanes Beschreibung der schillernden Hausgenossen bedarf der Ergänzung. Laut Adreßbuch von 1835
bestand die wenig aufregende Mieterschaft aus Handwerkern und Witwen,
kleineren Beamten (Postsekretäre) und
Händlern. Darüber hinaus werden
drei junge Offiziere genannt. Von »armen Künstlern und noch ärmeren
Schriftstellern« fehlt dagegen jede
Spur. Einen deutlichen sozialen Absturz stellte der Umzug in die Große
Hamburger Straße aber in jedem Fall
dar. Im hohen Alter erst gewann Fontane den nötigen Abstand, um – mit

einiger dichterischer Freiheit im Bunde – über den Lebensabschnitt als »Trockenwohner« erzählen zu können.

Kurz vor Theodors Auszug aus der Wohnung in der Großen Hamburger Straße kam es zu einer polizeilichen Untersuchung, weil August Fontane ihm anvertraute Gelder unterschlagen hatte. Dem drohenden Prozeß entzogen sich »Onkel August« und »Tante Pinchen«, indem sie sich nach Leipzig absetzten. 1842 trafen sie dort ihren Neffen wieder, der seine »Konditionsjahre« als Apothekergehilfe absolvierte. Die Zeit in der Großen Hamburger Straße hielt allerdings nicht nur Mißlichkeiten bereit. Im gleichen Hause wohnten der mit »Onkel August« befreundete Kommissionsrat Kummer und dessen Pflegetochter Emilie Rouanet.

Als außereheliches Kind der verwitweten Pfarrersfrau Rouanet aus Beeskow und des im Ort stationierten Bataillonsarztes Georg Bosse war Emilie am 14. November 1824 in Dresden zur Welt gekommen. Ihre ersten drei Lebensjahre verbrachte sie bei Verwandten. Über eine Zeitungsannonce wurden Pflegeeltern gesucht, denen bei einer Adoption des Mädchens eine beträchtliche Summe zufallen sollte. Der Berliner Globen- und Reliefkartenhersteller Karl Wilhelm Kummer, wegen seines ausschweifendes Lebens stets in Geldnöten, meldete sich. Eine behütete Kindheit vermochte er der Pflegetochter nicht zu bieten. Immerhin sorgte er dafür, daß sie eine ausgezeichnete Schulbildung erhielt.

Der Gewerbeschüler Theodor Fontane lernte sie kennen, als sie elf war, und verliebte sich nach eigenem Bekenntnis »auf der Stelle in das sonderbare Kind«. Davon, wie die Geschichte weiterging, wird im zweiten Spaziergang erzählt.

Um zur S-Bahn Hackescher Markt zurückzukehren, gehen wir in südlicher Richtung. Wir kommen an der Jüdischen Oberschule und dem Standort des früheren Jüdischen Altersheims vorbei, das 1942/43 als Sammelstelle für die Deportation mißbraucht wurde (Gedenkstein). Auf der sich anschließenden Grünanlage war 1672 Berlins erster Jüdischer Friedhof eingerichtet worden. Auf ihm fand, ein Gedenkgrab erinnert daran, Moses Mendelssohn seine letzte Ruhestätte. Wir verlassen die Große Hamburger Straße und schwenken links in die Oranienburger Straße ein.

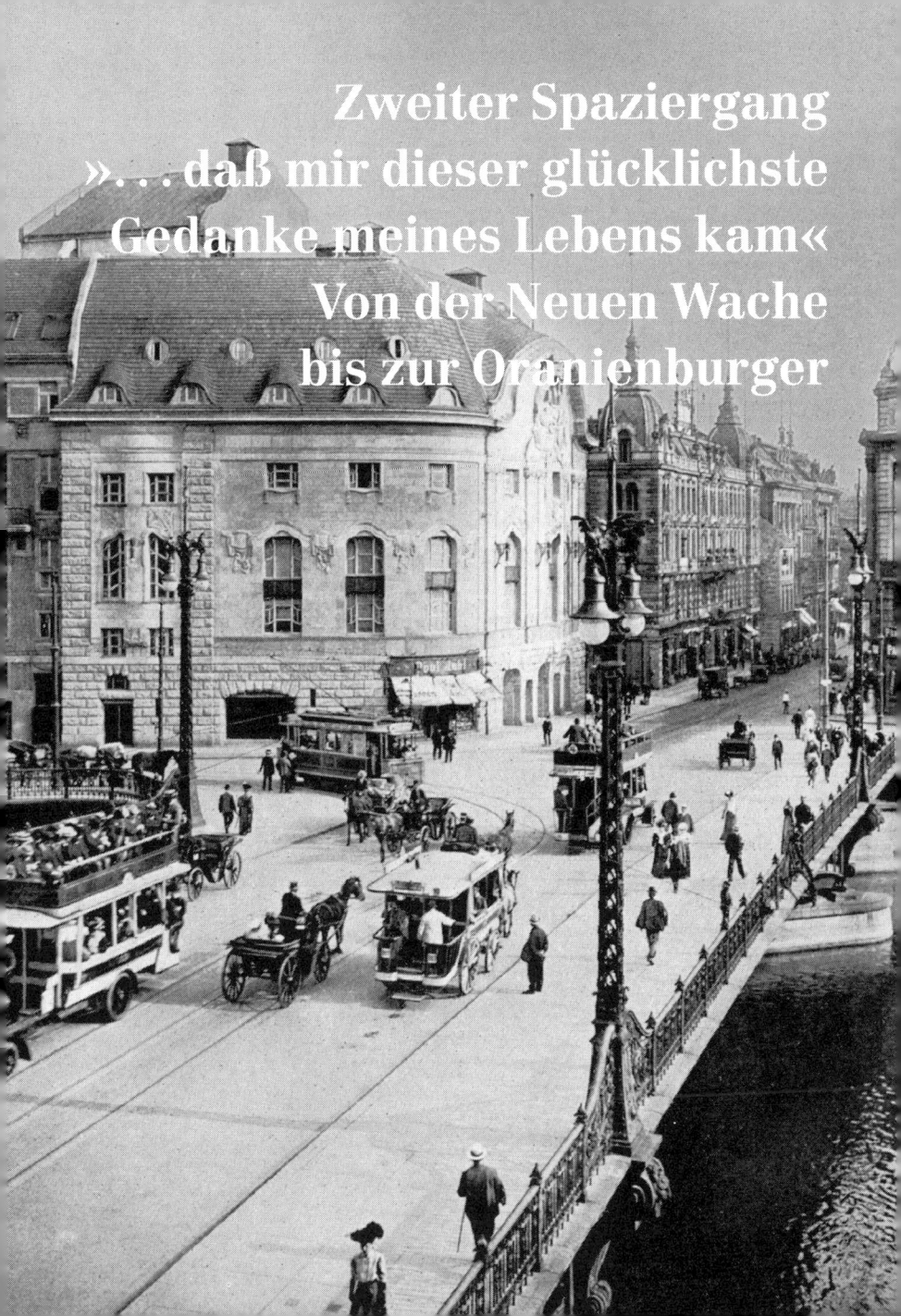

Zweiter Spaziergang
»... daß mir dieser glücklichste
Gedanke meines Lebens kam«
Von der Neuen Wache
bis zur Oranienburger

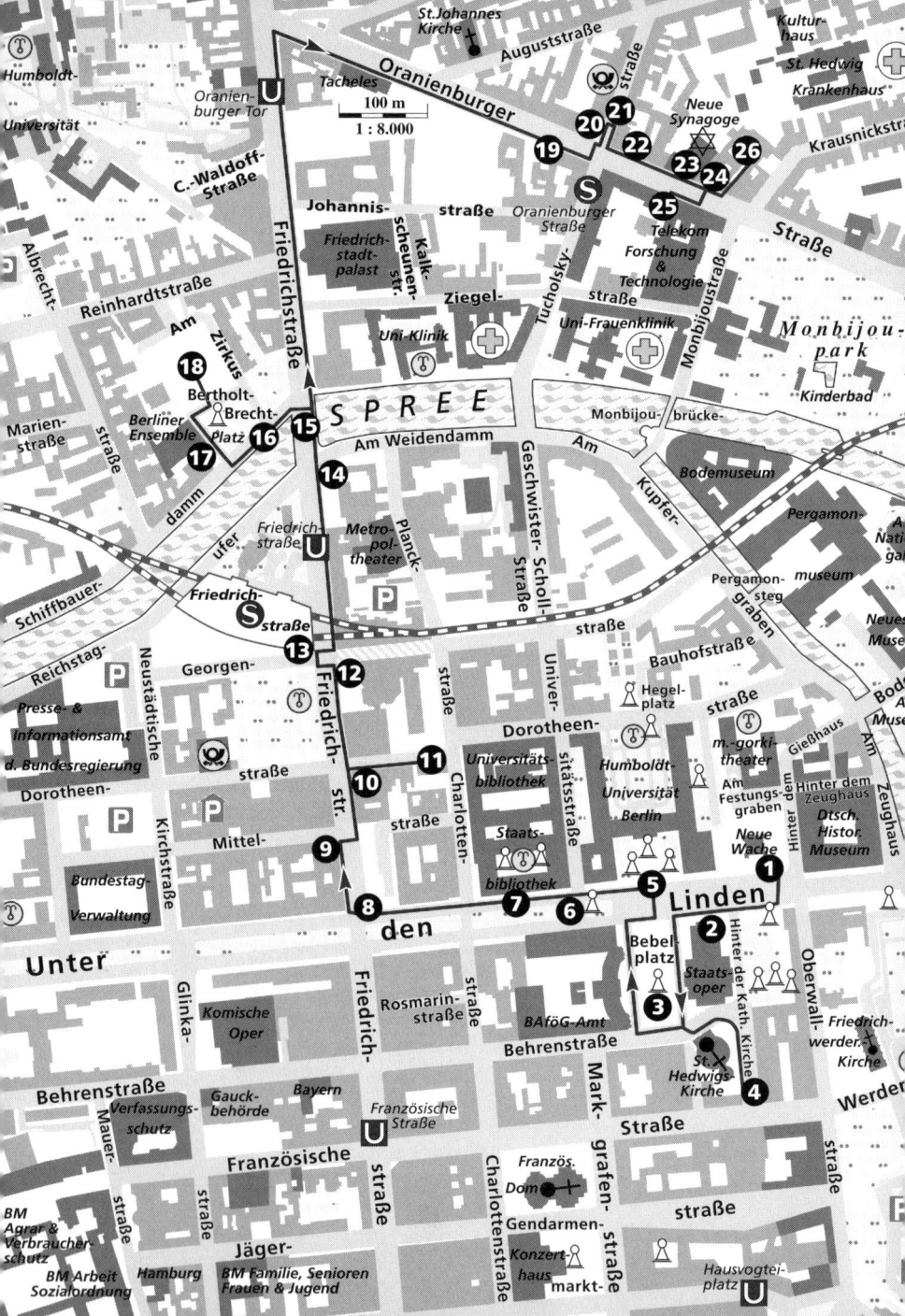

Der zweite Spaziergang beginnt am Bebelplatz, dem früheren Opernplatz, und erinnert an die dichterischen Anfänge Fontanes, die Militär- und Apothekerzeit sowie an seine Verlobung mit Emilie Rouanet-Kummer. Auf dem Weg gelangen wir zu Schauplätzen des Romans »Mathilde Möhring«.

❶ Neue Wache
Unter den Linden

Von Schinkel 1816–18 in den Formen eines römischen Castrums errichtet – es war sein erster großer Bauauftrag –, diente das Gebäude am ursprünglich hier vorbeiführenden Stadtgraben als Königswache. Im Sommer 1844 war Fontane während seines Militärjahrs zum Wachdienst abkommandiert. Hermann Scherz, mit dem er schon in Neuruppin die Schulbank gedrückt hatte, besuchte ihn.

»Er trat an mich heran«, erinnert sich Fontane, »begrüßte mich ganz kurz, beinah nüchtern und sagte dann mit jener Ruhe, drauf er sich als Märker wundervoll verstand: ›Is mir lieb, daß ich dich noch treffe. Willst du mit nach England? Übermorgen früh?‹ Daß ich dabei sein Gast sein sollte, verschwieg er, doch verstand es sich von selbst, da niemand existierte, der in meine Geldverhältnisse besser eingeweiht gewesen wäre als er.«

Fontane fürchtete zunächst, so kurzfristig keinen Urlaub zu bekommen. Doch die Vorgesetzten zeigten sich wider Erwarten verständnisvoll und stimmten zu. Die zweiwöchige Englandreise gestaltete sich für ihn, der bisher nur die absolutistisch regierten Länder Preußen und Sachsen kennengelernt hatte, zu einer wichtigen Erfahrung. Insbesondere das wirtschaftlich prosperierende London machte mit

Neue Wache, Unter den Linden

seiner Weltläufigkeit großen Eindruck auf ihn. Noch während der Reise nahm er sich vor, England irgendwann für längere Zeit aufzusuchen. Acht Jahre später sollte der Vorsatz Wirklichkeit werden.

Schräg gegenüber der Neuen Wache steht die Deutsche Staatsoper.

❷ Opernhaus, heute Deutsche Staatsoper Unter den Linden 7

Unter der Leitung des Architekten Georg Wenzeslaus von Knobelsdorff entstand als erstes Projekt des von König Friedrich II. geplanten *Forum Fridericianum*, einer repräsentativen Platzanlage, das Opern- und Festhaus. 1741–43 errichtet, war es zugleich Europas erster freistehender Theaterbau, der den darstellenden Künsten schon äußerlich, gelöst vom Schloß, eine neue Rolle zuwies. Friedrich II. pflegte hier

die Aufführungen der von ihm verehrten Tänzerin Barberina Campani zu besuchen.

»Herr v. Bleichröder schickt 4 Billetts zu seiner Opern-Loge. Emilie, Martha, Theo und Friedel – in ›Figaros Hochzeit‹«, notierte Fontane am 24. November 1882 ins Tagebuch. Und an anderer Stelle heißt es: »Emilie ist oft in der Oper.« Anders als seine Frau gehörte er, der mehr von Schauspiel als von Musik verstand, eher zu den seltenen Besuchern des Hauses. Gerson von Bleichröder, Bankier und Finanzberater Bismarcks, versorgte die Fontanes häufig mit Opernkarten; er und Emilie kannten sich seit ihrer Kindheit.

Rechts von der Staatsoper liegt der Bebelplatz, der 1947 nach dem Mitbegründer der deutschen Sozialdemokratie, August Bebel, benannt wurde. Etwa in der Mitte des Platzes entdecken wir das

Unter den Linden. Im Hintergrund das Königliche Opernhaus, vorn das Standbild Friedrich II. und das Alte Palais (re.), um 1905

Bücherverbrennung, Mai 1933

❸ Denkmal zur Bücherverbrennung Bebelplatz

Der israelische Künstler Micha Ullmann schuf eine in den Boden eingelassene Glasplatte, durch die der Betrachter in einen unterirdischen Bibliotheksraum mit beklemmend leeren Regalen schaut. Auf zwei Bodenplatten sind die Worte Heinrich Heines zu lesen: »Das war ein Vorspiel nur. Dort wo man Bücher verbrennt, verbrennt man am Ende auch Menschen.« Am Abend des 10. Mai 1933 waren Mitglieder des »Nationalsozialistischen Studentenbundes« auf den Platz gezogen, um hier die Schriften von Bertolt Brecht, Alfred Döblin, Lion Feuchtwanger, Heinrich Mann, Erich Kästner, Kurt Tucholsky und anderen fortschrittlichen Autoren zu verbrennen.

An der südöstlichen Seite des Platzes erhebt sich die St. Hedwig-Kathedrale. Mit ihr entstand 1747–73 das zweite repräsentative Bauwerk des »Forum Fridericianum« und zugleich Berlins erstes römisch-katholisches Gotteshaus. Die Ideenskizze, inspiriert vom Pantheon, lieferte der König selbst. Die nach den Beschädigungen im Zweiten Weltkrieg wiederhergestellte Kirche fungiert heute als Kathedrale des Bistums Berlin. Entlang ihrer Ostseite verläuft die unscheinbare Straße Hinter der Katholischen Kirche.

❹ **Ehemaliges Café National**
Hinter der Katholischen Kirche 1
Im Saal des Café National pflegten sich um die Mitte des 19. Jahrhunderts die Mitglieder des »Literarischen Sonntagsvereins Tunnel über der Spree« zu treffen. Der »Tunnel« wurde 1827 von dem Schriftsteller und Publizisten Moritz Gottlieb Saphir (1795–1858) gegründet. »Diesem erschien in seinen ewigen literarischen Fehden eine persönliche Leibwache dringend wünschenswert, ja nötig, welchen Dienst ihm, moralisch und beinahe auch physisch, der Tunnel leisten sollte. Zugleich war ihm in seiner Eigenschaft als Redakteur der ›Schnellpost‹ an einem Stamm junger, unberühmter Mitarbeiter gelegen, die, weil unberühmt, an Honoraransprüche nicht dachten und froh waren, unter einer gefürchteten Flagge sich mitgefürchtet zu sehen. Also lauter ›Werdende‹ waren es, die der Tunnel allsonntäglich in einem von Tabaksqualm durchzogenen Kaffeelokale versammelte«, schreibt Fontane.

Die »Tunnel«-Mitglieder Wilhelm von Merckel, Friedrich Eggers und Franz Kugler. Zeichnung von Adolph Menzel

Den Namen des Vereins hatte man einem technischen Meisterwerk der damaligen Zeit entlehnt – dem im Bau befindlichen Londoner Themse-Tunnel. Saphir verließ wegen politischer Schwierigkeiten schon 1829 die preußische Hauptstadt. Der Dichterklub hingegen blieb in gewandelter Form bestehen. Bereits während seiner Militärzeit wurde Fontane als Gast in den Kreis, zu dem neben Künstlern und Schriftstellern inzwischen auch Staatsbeamte und Militärs gehörten, aufgenommen. Ende September 1844 ordentliches Mitglied geworden, blieb er dem Verein bis 1865 verbunden. Zeitweilig hatte er die Funktion des Schriftführers, später sogar des Vorsitzenden inne. Sämtliche Mitglieder erhielten vereinsinterne Namen. »Lafontaine« lautete, nicht sonderlich originell, der seinige im »Tunnel«.

Der sowohl ästhetisch als auch politisch überaus konservativ ausgerichtete Zirkel, von dem Fontane im nachhinein meinte, daß literarisch »dabei nicht viel zutage« gekommen sei, öffnete ihm, dem finanziell Unbemittelten und weltanschaulich Schwankenden, jedoch die Türen der Berliner Gesellschaft. Viele Kontakte, die ihm bald nützlich werden sollten, datieren aus dieser Zeit. Die Freundschaften zu Wilhelm von Merckel oder Franz Kugler, Friedrich Eggers oder Georg Hesekiel reichen auf die Sonntagnachmittage im Café National zurück. Joseph von Eichendorff und Theodor Storm, Paul Heyse und Adolph Menzel lernte er hier kennen. Mit Preußengedichten wie *Der alte Derffling* oder mit Balladen wie der *Tower-Brand,* die er im Verein vortrug, erzielte er nachhaltige

Erfolge. Die Anerkennung tat wohl und machte manche Alltagsnot vergessen. Die intensiven literarischen Debatten halfen darüber hinaus, die eigene Begabung auszuloten und das Handwerkliche zu schulen. Nach dem Englandaufenthalt begann Fontane, sich allmählich von der »Kleindichterbewahranstalt«, wie Emanuel Geibel sie genannt hat, zu lösen. Die zwangloseren Zusammenschlüsse »Rütli« und »Tunnelsahne« ersetzten später den streng reglementierten Verein. In der »Ellora« gesellten sich der Männergesellschaft auch die Ehefrauen hinzu. *Wir kehren auf den Platz zurück. Die Westseite wird von der Alten Bibliothek begrenzt. Hier fanden die Bestände der 1661 von Kurfürst Friedrich Wilhelm im Schloß gegründeten Bibliothek Aufnahme. Wegen der barock geschwungenen Fassade nannte der Volksmund das Gebäude alsbald »Kommode«. An die Bibliothek schließt sich an der Ecke Unter den Linden das Alte Palais an, das Kronprinz Wilhelm, dem späteren Kaiser Wilhelm I., als Stadtpalais diente. Die Fenster an der östlichen Seite des Hauses gehörten zum berühmten Eckzimmer des Kaisers, von wo aus dieser dem Wachaufzug Unter den Linden zuzuschauen pflegte. Gegenüber befindet sich die*

**❺ Berliner Universität,
heute Humboldt-Universität
Unter den Linden 6**

Das einstige Palais für den Prinzen Heinrich, den Bruder Friedrichs II., entstand 1748–53 als drittes Gebäude der repräsentativen Residenzanlage. Den Eingang flankieren zwei 1883

**Staatsempfang König Humberts von Italien, 1889.
Unter den Linden, Universität (vorn re.) und Akademie der Künste**

enthüllte Marmordenkmale. Das linke zeigt den Gelehrten und Staatsmann Wilhelm von Humboldt, das rechte seinen Bruder, den Geographen und Forschungsreisenden Alexander von Humboldt. Zusammen mit weiteren Denkmalen auf dem Campus verweisen sie darauf, daß das ehemalige Stadtpalais des Prinzen Heinrich seit 1810 Sitz der Berliner Universität ist. Deren Anspruch und Grundlagen hatte Wilhelm von Humboldt in seiner Schrift *Über die innere und äußere Organisation der höheren wissenschaftlichen Anstalten in Berlin* vorbereitet. Er war es auch, der in seiner Funktion als Direktor für Cultus und Unterricht im Preußischen Innenministerium wesentlich an der 1809 erfolgten Gründung der Bildungseinrichtung mitwirkte. Noch im 19. Jahrhundert entwickelte sie sich zu einer weltweit geachteten Ausbildungs- und Forschungsstätte.

Wilhelm von Humboldt (1767–1835) wurde in Potsdam geboren, studierte in Frankfurt/Oder und in Göttingen Jura, Altertumswissenschaft und Philosophie. Nach Aufenthalten in Paris und Spanien entstanden 1791 seine *Ideen über Staatsverfassung, durch die neue französische Konstitution veranlaßt* und ein Jahr darauf die *Ideen zu einem Versuch, die Grenzen der Wirksamkeit des Staats zu bestimmen.* In beiden Schriften setzte er sich für die freie Entfaltung der Persönlichkeit und die damit notwendige Einschränkung der Rechte des Staats ein. Den Absolutismus auch in seiner »aufgeklärten« Form ablehnend, begrüßte er die Französische Revolution als den

Wilhelm von Humboldt, Ölbild

Beginn einer neuen gesellschaftlichen Epoche. Der Liberalismus, dem er lebenslang verpflichtet blieb, führte immer wieder zu Konflikten, in die er als Gesandter und später als Staatsmann geriet. 1819 wurde sein Rücktritt als Minister für ständische und Kommunalangelegenheiten erzwungen. Erst 1830 kehrte er, wieder in den Staatsrat aufgenommen, auf die politische Bühne zurück. Wegweisend wirkte er als vergleichender Sprachforscher. Er starb 1835 in Tegel und wurde auf dem dortigen, zum Schloß der Familie gehörenden Friedhof beigesetzt.

Der Universität gegenüber steht mitten auf der Straße das

❻ Denkmal König Friedrich II. Unter den Linden

1836 erging an Christian Daniel Rauch der Auftrag, ein Reiterstandbild für Friedrich II. zu schaffen. Das

48

bedeutendste Werk des Berliner Bildhauers wurde zum Vorbild für Fürstendarstellungen im Deutschland des ausgehenden 19. Jahrhunderts.

Fontane steuerte zur Enthüllungsfeier am 31. Mai 1851 ein martialisches Gedicht bei, das mit den Zeilen anhebt: »Bist endlich da! Gott sei's geklagt, / Hast lange warten lassen; / Nun lehr uns wieder, unverzagt / Den Feind beim Schopfe fassen, / Den Feind in Ost, den Feind in West, / Die Feinde drauß und drinnen, / Zerreiß die Netze dicht und fest, / Womit sie uns umspinnen.«

Daß den am Sockel des Denkmals abgebildeten Dichtern und Denkern, darunter Immanuel Kant und Lessing, kein anderer Platz als der unter dem Pferdeschwanz reserviert worden war, forderte alsbald den Berliner Spott heraus.

Wir wandern auf der nördlichen Straßenseite weiter und erreichen, die Charlottenstraße überquerend, die

❼ Ehemalige Akademie der Künste,
heute Deutsche Staatsbibliothek
Unter den Linden 8
Ende des 17. Jahrhunderts wurde an dieser Stelle der Marstall errichtet. In Teile des Gebäudekomplexes zogen unter König Friedrich II. die Akademien der Wissenschaften und Künste.

Im März 1876 trat Fontane in der Akademie der Künste die Stelle als Erster Sekretär an, die er im Mai jedoch schon wieder kündigte. Der Posten, den ihm August von Heyden, ein Mitglied des »Rütli«, vermittelt hatte, war als finanzielle Absicherung gedacht.

Fontane, der sich von der Funktion des Kulturbeamten schnell vereinnahmt fühlte, sah sein Lebensziel, die freie Autorentätigkeit, in immer weitere Ferne gerückt. Ein Streit mit dem Präsidenten der Akademie, Friedrich Hitzig, und dem Maler Anton von Werner, die seine Sitzungsprotokolle monierten, bot den äußeren Anlaß, das Rücktrittsgesuch einzureichen. Die Entscheidung, die Fontane nicht mit seiner Frau abgesprochen hatte, führte zu einer lange währenden Verstimmung zwischen den Ehepartnern. Emilie hoffte eine Zeitlang, daß ihr Mann den Schritt doch noch rückgängig machen würde. Aber am 15. August 1876, einige Tage nach Bestätigung seiner Entlassung, schrieb er ihr: »Ich ersehne den Moment, wo ich aus dieser wichtigtuerischen Hohlheit, aus diesem Nichts, das mit Feierlichkeit bekleidet wird, wieder heraus sein werde. Ich passe in solch dummes Zeug nicht hinein und will mich lieber weiter quälen. Eine gute Theaterkritik, um das kleinste herauszugreifen, ist viel, viel besser als diese Reskriptefabrikation, bei denen ich noch nichts Erfreuliches habe herauskommen sehn.«

Ende Oktober 1876, nach Einhaltung der Kündigungsfrist, schied der damals 56jährige Fontane aus und begann endgültig, seine Existenz auf den Beruf des Schriftstellers zu gründen. 1903 zog die Akademie der Künste an den Pariser Platz (vgl. S. 99 f.). Bis 1914 entstand auf den Akademiegrundstücken der Komplex der Preußischen Staatsbibliothek (heute Deutsche Staatsbibliothek). In den Gebäuden fanden die Bibliotheken der Universität und der Akademie der Wissenschaften Aufnahme. Zu den umfangreichen Beständen der Staatsbibliothek zählen Porträts und Porträtplastiken, Pläne und Stadtansichten sowie Autographen.

Auf der südlichen Straßenseite, Unter den Linden / Ecke Charlottenstraße, sind in einem umgebauten Gründerzeitkomplex der Hauptstadtsitz der Deutschen Bank und das Guggenheim-Museum Berlin untergebracht, das wechselnde Ausstellungen zur zeitgenössischen Kunst bietet. Nach wenigen Metern in westlicher Richtung gelangen wir zur Kreuzung

❸ Unter den Linden / Ecke Friedrichstraße

Hier begegneten sich zwei städtische Lebensadern unterschiedlichen Charakters: der aristokratisch vornehme Boulevard Unter den Linden und die bürgerlich geschäftige Friedrichstraße. Die Linden, ursprünglich als Reitweg zwischen Schloß und kurfürstlichem Tiergarten angelegt, wurden nach dem Abbruch der Befestigungsanlagen allmählich zur Prachtstraße ausgebaut. Mit seinen *Briefen aus Berlin* gehörte Heinrich Heine zu den Dichtern, die als erste den Namen der Straße in die Welt trugen.

Die verkehrsreiche Friedrichstraße

Unter den Linden / Ecke Friedrichstraße mit Café Bauer (li.) und Café Kranzler (re.) ...

hingegen, die das Oranienburger mit dem Halleschen Tor verbindet, entwickelte sich im 19. Jahrhundert zur Geschäfts- und Vergnügungsmeile. Dort, wo sie die Linden kreuzt, siedelten sich im Laufe der Zeit insgesamt drei Cafés an – Kranzler, Bauer und Victoria. Das Kranzler residierte in einem Gebäude an der Südwestecke und verwöhnte seine Gäste mit österreichischen Konditorwaren und russischem Eis. Das Kaffeehaus, das als erstes in der Stadt über einen Rauchsalon verfügte, wurde alsbald Treffpunkt der Berliner Gesellschaft. 1867 eröffnete an der Südostecke das Café Bauer, das im Wiener Kaffeehausstil eingerichtet war und sich ebenfalls schnell einen Namen erwarb. Fontane läßt hier Mathilde Möhring und ihren Verlobten zu Silvester einkehren. Das Café Victoria wiederum, seit 1900 mit elektrischem Licht ausgestattet, beherbergte in seinem Festsaal das 1901 von Max Reinhardt gegründete Kabarett »Schall und Rauch«.

Die »Kranzlerecke« besaß für Berlin-Besucher, wie Fontane zu berichten weiß, eine geradezu magische Anziehungskraft: »Es mochte zwölf Uhr sein, als wir durchs Brandenburger Tor zurückkamen und beide das Verlangen nach einem Frühstück verspürten. Ich schlug ihm meine Wohnung

... **und auf der anderen Seite der Ecke**
Unter den Linden / Friedrichstraße das Café Victoria.

vor, die nicht allzu weit ablag; er entschied sich aber für Kranzler. Ich bekenne, daß ich ein wenig erschrak. Storm war wie geschaffen für einen Tiergartenspaziergang an dichtbelaubten Stellen, aber für Kranzler war er nicht geschaffen.« Nach einer peinlichen halben Stunde war Fontane froh, mit dem aus dem Eichsfeldischen angereisten, sonderbar gekleideten Dichterkollegen das Café verlassen zu können.

Theodor Storm (1817–1888), der Ende der 30er Jahre in Kiel und Berlin Jura studiert und nach der Besetzung Schleswig-Holsteins durch Dänemark seine Stelle als Advokat verloren hatte, trat 1853 in preußische Dienste. Er arbeitete zunächst als unbesoldeter Assessor in Potsdam. Aus dieser Zeit datieren seine Beziehungen zum »Tunnel über der Spree«. 1856 wurde er in Heiligenstadt als Kreisrichter eingesetzt.

Theodor Storm. Gemälde
von Nicolaus Sunde, 1857

Acht Jahre später, nach dem Abzug der Dänen, konnte er in seine Heimat zurückkehren und übernahm in Husum das Amt des Landvogts.

Fontane, der seit 1852 in regem Briefwechsel mit Storm stand und zeitweilig engen Kontakt mit ihm pflegte, hat sich wiederholt mit dessen lyrischem Werk auseinandergesetzt. In Victor Ottmanns *Was soll ich lesen? Weihnachtsalmanach 1894*, in dem zahlreiche Schriftsteller nach ihrer bevorzugten Lektüre befragt wurden, empfahl Fontane: »Th. Storm, besonders die Gedichte; dem Besten ebenbürtig, das wir haben.« Nicht den gleichen Zugang fand er zur Stormschen Novellistik, es blieb, etwa in der Rezension zu dessen *Gesammelten Schriften*, Band 7–10, bei freundlichen Unverbindlichkeiten. Bezeichnenderweise beendet Fontane die Besprechung der Erzählungen, »die den Inhalt dieser vier Bände bilden«, mit der lobenden Hervorhebung der »eingestreuten« Gedichte.

Wir biegen rechts in die Friedrichstraße ein. Am Eckhaus zur Mittelstraße erinnert eine Inschrift an die

❾ Ehemalige Polnische Apotheke Friedrichstraße 153 / Ecke Mittelstraße

Fontane kam vermutlich im Frühjahr 1844 von Leipzig nach Berlin zurück, um den Dienst als Einjährig-Freiwilliger anzutreten (vgl. S. 83 f.). Aus den Apothekerzeugnissen und den autobiographischen Aufzeichnungen ergeben sich sowohl vor als auch nach Beendigung des Militärdienstes zeitliche

Emilie Rouanet-Kummer.
Pastellbild von Th. Hilwig, 1848

Theodor Fontane.
Aquarell von David Ottensooser, 1843

Lücken, auf die jüngst Klaus-Peter Möller in einem Aufsatz hingewiesen hat: Monate des Bummelns? Im Juli 1845 jedenfalls nahm Fontane eine Stelle in der Polnischen Apotheke an. Der Name der Apotheke geht wohl auf einen Berlin-Besuch August des Starken zurück, der als sächsischer Kurfürst 1697 die polnische Königskrone erlangt hatte. Obwohl Fontane dem Apothekenbesitzer, Medizinalrat Julius Eduard Schacht, und dessen Gattin, die aus einer Refugié-Familie stammte, ob ihrer gewinnenden Art ein freundliches Andenken bewahrte, waren die Unterbringung im Hause und der Umgang mit der »sehr durchschnittsmäßigen« Kollegenschaft alles andere als zufriedenstellend. Einzig zu dem aus Rostock stammenden Friedrich Witte, der noch in der Ausbildung war, später Unternehmer und Reichs-

tagsabgeordneter wurde, entwickelte sich eine Freundschaft, die lebenslang halten sollte. Überaus gewogen war die Zeit in der Polnischen Apotheke jedoch den Herzensangelegenheiten.

»Nun war achter Dezember, an welchem Tage mein Onkel August – der, fast als ob wir zusammengehört hätten, seit etwa Jahresfrist auch wieder von Leipzig nach Berlin hin übersiedelt war – seinen Geburtstag hatte. Während der ersten Nachmittagsstunden erhielt ich, in Dreiecksform, einen in ungemein zierlichen, aber etwas schulmäßigen Buchstaben geschriebenen Brief, der dahin lautete: ›Lieber Freund. Ich war eben zur Gratulation bei Ihrem Onkel und erfuhr zu meinem Bedauern, daß Sie durch Ihren Dienst verhindert sind, die heutige Geburtstagsfeier mitzumachen. Ich mei-

53

nerseits werde da sein, bin aber in einiger Verlegenheit wegen des Nachhausekommens. Ich denke, Ihr Bruder soll mich um zehn bis an Ihre Apotheke begleiten, von wo aus Sie wohl den Rest des Weges übernehmen. Ihre Emilie Kummer.‹

Und so kam es. Gleich nach zehn Uhr, von wo ab ich frei war, war das Fräulein da. Der noch zurückzulegende Weg war nicht sehr weit, aber auch nicht sehr nah: die ganze Friedrichstraße hinunter bis ans Oranienburger Tor und dann rechts in die spitzwinklig einmündende Oranienburger Straße hinein, wo die junge Dame in einem ziemlich hübschen, dem großen Posthof gegenüber gelegenem Hause wohnte.«

Emilie Rouanet-Kummer war an diesem Abend vom Hausvogteiplatz 5 gekommen, wo August Fontane und seine Frau nach ihrer Rückkehr aus Leipzig eine Wohnung gefunden hatten.

Fontane kannte Emilie seit 1835 aus der Zeit, als beide in der Großen Hamburger Straße wohnten (vgl. S. 38). Mehrere Jahre hatten sie sich allerdings aus den Augen verloren. Während Theodor seine Ausbildung durchlief, anschließend in Burg, Dresden und Leipzig weilte, lebte Emilie bei ihrer leiblichen Mutter im schlesischen Liegnitz. Wohl im Herbst 1843 waren sie einander in Berlin wiederbegegnet.

»Die Kleine, mittlerweile neunzehn Jahr alt geworden, war total verändert«, erinnert sich Fontane. »Nicht bloß das Abruzzentum war hin, auch die mildere Form: das Südfranzösi-

sche, hatte sich beinah ganz verflüchtigt, und die tiefliegenden dunklen Augen, die mir, ohne schwarz zu sein, immer kohlschwarz erschienen waren, sahen jetzt, in dem hierlandes üblichen Halbgrau, hell und lachend in die Welt hinein. Alles in allem, beweglich und ausgelassen, vergnügungsbedürftig und zugleich arbeitsam, war sie der Typus einer jungen Berlinerin, wie man sie sich damals vorstellte . . . Wir nahmen den alten herzlichen Ton gleich wieder auf, und die Leute wußten bald, was daraus werden sollte.«

Bei der folgenden Strecke vertrauen wir uns dem Weg an, den Fontane oben skizziert hat und der für ihn und die junge Dame folgenreich werden sollte. Wir lassen die Mittelstraße hinter uns, wechseln die Straßenseite und gehen unter den Arkaden des Kulturkaufhauses Dussmann bis zur nächsten Kreuzung. Hier stoßen wir auf die Dorotheenstraße (bis 1822 Letzte Straße), in der im frühen 19. Jahrhundert zeitweilig der Mediziner Christoph Wilhelm Hufeland (Gedenktafel am heutigen Haus Nr. 7) wohnte. In dem Gebäude an der Friedrichstraßenecke hat Friedrich Engels gewohnt.

❿ Ehemalige Unterkunft von Friedrich Engels Dorotheenstraße 43 / Ecke Friedrichstraße

1841 bezog der Barmener Unternehmersohn Friedrich Engels (1820–1895) ein Zimmer im ersten Stock des erhalten gebliebenen Hauses. Er war als Einjährig-Freiwilliger in die 12.

Friedrich Engels, 1845

Kompanie des Gardefußartillerie-Regiments eingetreten, die in der nahen Kaserne am Kupfergraben stationiert war. Die dienstfreie Zeit nutzte er, um Vorlesungen an der Universität zu hören. Aus dem Berliner Jahr datieren seine unter dem Pseudonym Oswald veröffentlichten Schriften, in denen er sich aus junghegelianischer Sicht kritisch mit Schelling auseinandersetzte. 1842 ging er nach Manchester, wo sich eine Zweigstelle der väterlichen Seidenspinnerei befand. Durch die Tätigkeit in der Fabrik unmittelbar mit den krassen sozialen Widersprüchen konfrontiert, kam Engels in seiner 1845 erschienenen Analyse *Die Lage der arbeitenden Klasse in England* selbstredend zu einem anderen Urteil über das »gelobte Land« als Fontane auf seiner Ferienreise ein Jahr zuvor.

Die Gedenktafel am Haus in der Dorotheenstraße, die zu DDR-Zeiten angebracht worden war, verschwand nach der politischen Wende von 1989. Im Hause hat heute die Botschaft der Republik Kap Verde ihren Sitz.
Weiter östlich befand sich das heute nicht mehr auffindbare Grundstück Letzte Straße 34.

❶ Ehemalige Unterkunft von Arthur Schopenhauer
Letzte Straße 34,
heute Dorotheenstraße
In diesem Haus mietete sich 1820 der Philosoph Arthur Schopenhauer (1788–1860) ein, nachdem seine an der Berliner Universität eingereichte Habilitationsschrift angenommen worden war. Am 23. März hielt er die Probevorlesung zur Erlangung der Venia legendi. Von den Berliner Philosophen, insbesondere von Johann Gottlieb Fichte, zeigte er sich jedoch bald

Arthur Schopenhauer

tief enttäuscht. Die preußische Haupt-stadt konnte den Verfasser des Werks *Die Welt als Wille und Vorstellung* nicht dauerhaft binden. 1831 bezog er ein letztes Mal eine Wohnung in Berlin (Französische Straße 17). Eine Chole-raepidemie vertrieb ihn endgültig aus der Stadt.

Zwischen Dorotheen- und Georgen-straße erinnert an der Friedrichstraße nichts mehr an die Fontane-Zeit. Neue Geschäftshäuser dominieren. An der westlichen Friedrichstraßenseite stand einst das Central-Hotel mit seinem berühmten Wintergarten. Wir verwei-len an der Ecke Georgenstraße, gegen-über dem Bahnhof Friedrichstraße.

⑫ Schauplatz des Romans
Mathilde Möhring
Georgenstraße

Hier läßt Fontane die Familie Möh-ring wohnen. Der 1891 entstandene Roman *Mathilde Möhring* wurde erst 1906 aus dem Nachlaß in der Fami-lienzeitschrift *Die Gartenlaube* veröf-fentlicht.

»Möhrings wohnten Georgenstraße 19 dicht an der Friedrichstraße. Wirt war Rechnungsrat Schultze, der in der Gründerzeit mit dreihundert Talern spekuliert und in zwei Jahren ein Ver-mögen erworben hatte. Wenn er jetzt an seinem Ministerium vorüberging, sah er immer lächelnd hinauf und sagte: ›Gu'n Morgen, Exzellenz.‹ Gott, Exzellenz. Wenn Exzellenz fiel, und alle Welt wunderte sich, daß er noch nicht gefallen sei, so stand er, wie Schultze gern sagte, vis-à-vis de rien, höchstens Oberpräsident in Danzig.

Da war er besser dran, er hatte fünf Häuser, und das in der Georgenstraße war beinah schon ein Palais, vorn kleine Balkone von Eisen mit Vergol-dung. Was anscheinend fehlte, waren Keller und natürlich auch Kellerwoh-nungen, statt dessen lagen kleine Lä-den, ein Vorkostladen, ein Barbier-, ein Optikus- und ein Schirmladen in gleicher Höhe mit dem Straßenzug, wodurch die darüber gelegene Wirts-wohnung jenen à-deux-mains-Cha-rakter so vieler neuer Berliner Häuser erhielt. War es Hochparterre oder war es eine Treppe hoch. Auf Schultzes Karte stand: Georgenstraße 19 I, was jeder gelten ließ mit Ausnahme Möh-rings, die, je nachdem diese Frage ent-schieden wurde, drei oder vier Trep-pen hoch wohnten, was neben der gesellschaftlichen auch eine gewisse praktische Bedeutung für sie hatte . . .

Damals waren Möhrings eben erst eingezogen, und Schultze sah den Tod des alten Möhring, der übrigens erst Mitte vierzig war, ungern. Als man den Sarg auf den Wagen setzte, stand er am Fenster und sagte zu seiner hin-ter ihm stehenden Frau: ›Fatale Ge-schichte. Die Leute haben natürlich nichts, und nu war vorgestern auch noch die Einsegnung. Ich will dir sa-gen, Emma, wie's kommt, sie werden vermieten, und weil es eine Studenten-gegend ist, so werden sie's an einen Studenten vermieten, und wenn wir dann mal spät nach Hause kommen, liegt er auf dem Flur, weil er die Treppe nicht hat finden können. Ich bitte dich schon heute, erschrick nicht, wenn es vorkommt, und kriege nicht deinen Aufschrei.«

Wie immer beschreibt Fontane das Umfeld seiner Heldinnen und Helden sehr genau, wählt aber, um allen Ärger mit wirklichen Personen zu vermeiden, das Grundstück Georgenstraße 19, das nicht für Wohn-, sondern für Gewerbezwecke genutzt wurde, und zwar von der Tattersall Aktiengesellschaft.

Was Hauswirt Schultze voraussagt, geschieht denn auch: Möhrings vermieten Zimmer an Studenten. Unter ihnen ist der Kandidat der Rechte Hugo Großmann. Als er erkrankt, kümmert sich Mathilde aufopferungsvoll um ihn. Mehr aus Dankbarkeit als aus Liebe hält er um ihre Hand an. Als er im westpreußischen Woldenstein, wo er nach dem Referendarexamen die Stelle als Bürgermeister angetreten hat, plötzlich stirbt, steht die junge Frau wieder allein da. Von nun an muß sie ihr Leben selbst in die Hand nehmen. Eine Konstellation, der sich Fontanes Frauenfiguren immer wieder gegenübergestellt sehen. Mathilde legt ein glanzvolles Examen als Lehrerin ab und schafft sich aus eigener Kraft eine neue Lebensperspektive. Andere, wie Cécile oder Effi Briest, scheitern mit ihren Ansprüchen an den engen Grenzen der wilhelminischen Gesellschaft.

⑬ Bahnhof Friedrichstraße

Den Bahnhof, der seit 1882 die verschiedenen Ringbahnstationen miteinander verband, benutzte Fontane mehrfach als Szenerie für seine Romane. Effi Briest und Mathilde Möhring kommen hier an.

Der seit den 20er Jahren des vorigen Jahrhunderts immer wieder umgebaute Verkehrsknotenpunkt ist vielfach in die Literatur eingegangen. In Erich Kästners Kinderbuch *Emil und die Detektive* wurde der Bahnhof ebenso zum Schauplatz des Geschehens wie in Heinrich Manns Roman *Der Untertan.* Diederich Heßling, der zum Studium nach Berlin reist, steigt an der Friedrichstraße aus und mietet sich aus Bequemlichkeit ein Zimmer in der nicht allzu weit entfernten Tieckstraße.

Heinrich Mann (1871–1950), Sohn einer Lübecker Patrizierfamilie und älterer Bruder von Thomas Mann, hatte im S. Fischer Verlag volontiert und nebenher Vorlesungen an der Berliner Universität gehört. Sein 1905 veröffentlichter Roman *Professor Unrat,* 1930 unter dem Titel *Der blaue Engel* verfilmt, machte ihn international bekannt. Der engagierte Demokrat trat 1931 das Amt des Präsidenten der Sektion Dichtkunst der Preußischen Akademie der Künste an. In einem der Berliner Nachtlokale rund um den Kurfürstendamm, in denen er zu verkehren pflegte, lernte er seine spätere zweite Frau, die Bardame Nelly Kröger, kennen. Sie, die Tochter eines Fischers aus der Nähe von Lübeck, wurde das Vorbild für die Heldin seines Romans *Ein ernstes Leben.* Nachdem Heinrich Mann zusammen mit Albert Einstein und Käthe Kollwitz angesichts des heraufziehenden Faschismus zur Einigung von KPD und SPD aufgerufen hatte, wurde sein Austritt aus der Akademie erzwungen. Im Februar 1933 ging er nach Frankreich ins Exil. Während des Vichy-Re-

Bahnhof Friedrichstraße, um 1900. Li. mündet die Georgenstraße ein.

gimes interniert, gelang ihm die Flucht nach Portugal und in die USA.

Nach dem Zweiten Weltkrieg berief ihn die DDR zum Präsidenten der Akademie der Künste. Heinrich Mann, der das Amt annahm, starb jedoch kurz vor seiner Übersiedlung aus den USA nach Ostberlin. Auf dem Dorotheenstädtischen Friedhof fand er seine letzte Ruhestätte (vgl. S. 114).

Hinter dem Bahnhof, an der östlichen Seite der Friedrichstraße, steht der ehemalige Admiralspalast. Er beherbergte einst ein luxuriöses Hallenbad und eine Eislaufhalle. Anfang der 20er Jahre erfolgte der Umbau zum Theater. An der westlichen Straßenseite befindet sich die aus DDR-Zeiten stammende Grenzabfertigungs-halle. Hierher brachten die Ostberliner ihre in den Westen zurückkehrenden Angehörigen und Freunde. Jeder Abschied konnte ein Abschied für immer sein. Bald hatte der hochgesicherte Bau im Berliner Volksmund seinen Namen weg – »Tränenhalle«. Das Gebäude wird heute als Veranstaltungsort für Konzerte und Theateraufführungen genutzt. Ehe wir den Weidendamm und die Weidendammer Brücke überqueren, bleiben wir an der Ecke stehen.

⑭ Ehemalige Wohnung von Paul Heyse
Friedrichstraße 104 /
Am Weidendamm 1

In dem nicht mehr vorhandenen Eckhaus verbrachte Paul Heyse (1830–1914) die frühen Kindheitsjahre. Haus und Grundstück gehörten einem Holzhändler. 1838 mietete die Familie Heyse eine Wohnung in der repräsentativeren Behrenstraße. Das volksnahe Leben, wie es auf dem Holzlagerplatz und an den Anlegestellen der Spreeschiffer zu beobachten war, hatten sich dem Heranwachsenden jedoch tief eingeprägt. Die Erlebnisse verdichtete er 1872 in dem zeitkritischen Roman *Die Kinder der Welt.*

Der Sohn des Universitätsprofessors und Sprachforschers Karl Wilhelm Heyse studierte nach dem Besuch des

Paul Heyse

Gymnasiums Klassische und Romanische Philologie. Bereits als Student wurde er von seinem Förderer und späteren Schwiegervater Franz Kugler in den »Tunnel über der Spree« eingeführt.

»... aber Heyses Auftreten im Tunnel war nur kurz bemessen und blieb Episode«, erinnert sich Fontane. »Schon Frühling oder Herbst 1851 ging er nach Bonn, von Bonn, mit Ribbeck zusammen, nach Italien, und als er von dort, wo die reizende ›L'Arrabiata‹ entstanden war, nach Berlin zurückkehrte, rückte rasch die Zeit heran, die den mittlerweile mit Margarete Kugler glücklich Verlobten, bald auch Vermählten, nach München hinüberführte. Das war Herbst 1854. Man sah ihn im Tunnel ungern scheiden, trotzdem aber gebrach es an jener tieferen Teilnahme, die beispielsweise, zehn Jahre vorher, bei Strachwitz' Ausscheiden geherrscht hatte. Die Wärme, der Heyse bei seinem Eintritt begegnet war, hatte sich einigermaßen verloren und einer kühleren Temperatur Platz gemacht. Woran lag das? An allerlei. Sein großes Talent, nun, das war außer Frage, das ließ jeder gelten. Aber so gewiß man es gelten ließ, so gewiß empfand man auch: ›Ja, dies Talent, so groß es sein mag, ist doch nicht unser Talent.‹ Im ganzen war der Tunnel, trotz seines gelegentlichen stark hervortretenden Freisinns, doch von jener altpreußischen Art, darin der Konservatismus in erster Reihe mitspricht, und so hörte man denn bald wieder lieber von Hohenfriedberg und dem Zietenritt, von Ligny und Waterloo.« Heyse war 1854 von König Maximi-

Weidendammer Brücke und Friedrichstraße, nach Norden gesehen, 1898

lian II. mit einem Jahresgehalt, das für ihn keinerlei berufliche Verpflichtungen mit sich brachte, nach München geholt worden. Bald stand er im Mittelpunkt des dortigen Dichterkreises. 1859 versuchte er, Fontane, der nach der Rückkehr aus London einer ungewissen Zukunft entgegensah, eine Stelle als Privatbibliothekar beim bayerischen König zu vermitteln. Das Vorhaben zerschlug sich. Die Freunde blieben indes weiterhin in engem Kontakt, wovon ihr reger Briefwechsel zeugt.

Heyse, der 1910 den Literaturnobelpreis erhielt, hinterließ weit über hundert Novellen. Seine in der klassizistischen, nachromantischen Tradition stehenden Erzählungen und Romane gehörten zur bevorzugten Lektüre des gebildeten bürgerlichen Publikums vor und nach 1900. Auch als Dramatiker – Fontane besprach mehrfach die Berliner Premieren – trat er hervor. Sein Stück *Colberg* wurde später als Vorlage für den gleichnamigen nationalsozialistischen Durchhaltefilm mißbraucht.

⑮ Weidendammer Brücke
Es dürfte gegen 22.15 Uhr gewesen sein, als Theodor Fontane und Emilie Kummer am Abend des 8. Dezember 1845 die Weidendammer Brücke erreichten. »Da wir beide plauderhaft und etwas übermütig waren, so war an Verlegenheit nicht zu denken, und diese Verlegenheit kam auch kaum, als sich mir im Laufe des Gespräches

mit einem Male die Betrachtung aufdrängte: ›Ja, nun ist es wohl eigentlich das beste, dich zu verloben.‹ Es war wenige Schritte vor der Weidendammer Brücke, daß mir dieser glücklichste Gedanke meines Lebens kam, und als ich die Brücke wieder um ebenso viele Schritte hinter mir hatte, war ich denn auch verlobt.«

So spontan, wie das Verlöbnis auf den ersten Blick erscheint, war es nicht, da sich beide ja bereits seit zehn Jahren kannten.

Die heutige Weidendammer Brücke wurde anstelle eines älteren und schmaleren Spreeübergangs 1894–97 neu angelegt. Die mit Kunstschmiedearbeiten reich ausgestatteten Brückengeländer werden jeweils in der Mitte von einem preußischen Adler geschmückt. Wolf Biermann ließ sich von ihnen zu dem Lied *Der preußische Ikarus* inspirieren.

Hinter der Brücke zweigt links der Schiffbauerdamm ab.

Bettina Brentano

Achim von Arnim.
Anonyme Zeichnung

⓰ Schiffbauerdamm

Schiffbauerdamm und Weidendammer Brücke scheinen einst eine stimulierende Wirkung auf Liebespaare ausgeübt zu haben. Denn 1810 verlobten sich hier auf einem Spaziergang bereits Bettina Brentano und Achim von Arnim. Und, wie es der Zufall wollte, ebenfalls an einem Dezemberabend. Die Trauung fand, anders als bei den Fontanes, jedoch schon drei Monate später statt.

Bettina Brentano (1785–1859), Schwester des Dichters Clemens Brentano, übersiedelte 1810 nach Berlin und wohnte nicht weit vom Schiffbauerdamm entfernt, am Monbijouplatz 1, im Haus ihres Schwagers Karl von Savigny. Nach der Heirat bezog sie mit ihrem Mann das Gartenhaus des Gräflich Vossischen Palais' in der Wilhelmstraße.

Erst nach dem Tod Achim von Arnims, 1831, trat sie als Schriftstellerin hervor. Ihr literarisches Debüt gab sie 1835 mit dem Buch *Goethes Briefwechsel mit einem Kinde*. Ihr Lebensweg und ihr Werk gehören zu den erstaunlichsten in der ersten Hälfte des 19. Jahrhunderts. Von der empfindsam-romantischen Schwärmerin entwickelte sie sich zur unerschrockenen Demokratin, die sich für den politischen und sozialen Fortschritt einsetzte. Berühmt wurde ihre Schrift *Dies Buch gehört dem König* (1843), die als erste Sozialreportage in Deutschland gilt und in der sie anhand der berüchtigten »Wülcknitzschen Familienhäuser« vor dem Hamburger Tor das soziale Elend in Berlin und Preußen attackierte. Wohlüberlegt hatte sie das Buch Friedrich Wilhelm III. gewidmet, der es nun nicht ohne weiteres verbieten lassen konnte. Er untersagte zwar jegliche Rezensionen, vermochte aber dennoch nicht seine Verbreitung zu verhindern.

Am Schiffbauerdamm liegt der Bertolt-Brecht-Platz. Die Namensgebung datiert von 1988. Im selben Jahr wurde hier zum 90. Geburtstag des Dichters auch das Brecht-Denkmal eingeweiht.

❼ Ehemaliges Neues Theater
Berliner Ensemble
Theater am Schiffbauerdamm
Bertolt-Brecht-Platz

1891/92 entstand hier das Neue Theater. Ein Jahr später fand im Hause die denkwürdige Uraufführung eines Stücks statt, das der Berliner Polizeipräsident verboten hatte und das deshalb nur im nichtöffentlichen Rahmen des Vereins »Freie Volksbühne« gezeigt werden konnte. Es war Gerhart Hauptmanns sozialkritisches Drama *Die Weber*.

Gerhart Hauptmann (1862–1946) kam 1884 nach Berlin, wo er zwei Semester Geschichte studierte. Nebenher nahm er Schauspielunterricht. Durch seine Heirat mit der Tochter eines Großkaufmanns wirtschaftlich unabhängig geworden, lebte er ab 1885 als freier Schriftsteller zunächst in Erkner bei Berlin und dann in Charlottenburg. Im Friedrichshagener Dichterkreis fand er in Arno Holz und Johannes Schlaf Gleichgesinnte. Die Aufführungen seiner Stücke, immer wieder von Skandalen begleitet, verhalfen dem Naturalismus in Deutschland zum Durchbruch. Zu den Förderern des jungen Dramatikers gehörte auch der Theaterkritiker Fontane. Schon Hauptmanns erstes Drama *Vor Sonnenaufgang* (1889) wurde von ihm in zwei Besprechungen ausführlich in der *Vossischen Zeitung* gewürdigt: »Gerhart Hauptmann aber darf aushalten auf dem Felde, das er gewählt, und er wird aushalten, denn er hat

63

Gerhart Hauptmann, um 1890

nicht bloß den rechten Ton, er hat auch
den rechten Mut, und zu dem rechten
Mute die rechte Kunst. Es ist töricht,
in naturalistischen Derbheiten immer
Kunstlosigkeit zu vermuten. Im Gegenteil, richtig angewandt (worüber
dann freilich zu streiten bleibt) sind sie
ein Beweis höchster Kunst.«
1903 übernahm Max Reinhardt
(1873–1943) die Leitung des Neuen
Theaters. Mit großem Erfolg insze-
nierte er hier Shakespeares *Sommernachtstraum* und setzte die Dreh-
bühne, die er hatte einbauen lassen, als
strukturierendes Mittel ein.
Das Neue Theater firmierte seit 1906,
dem Weggang Reinhardts ans Deutsche Theater (vgl. S. 107 ff.), vorrangig als Spielstätte für Unterhaltungsstücke. Ein Zeichen setzte 1925 erst

wieder die Uraufführung von Carl
Zuckmayers Lustspiel *Der fröhliche
Weinberg.* Unter der Intendanz von
Ernst Josef Aufricht wurde in dem
Haus, das inzwischen Theater am
Schiffbauerdamm hieß, 1928 Bertolt
Brechts *Dreigroschenoper* mit der
Musik von Kurt Weill uraufgeführt.
Das Stück geriet zum Sensationserfolg
des Jahres. Obgleich schon als Autor
hervorgetreten und 1922 mit dem re-
nommierten Kleist-Preis für sein Stück
Trommeln in der Nacht ausgezeich-
net, war Brecht bis dahin eher einem
kleinen Kreis von Literaturinteressier-
ten bekannt. Mit seiner *Dreigroschen-
oper,* deren Erfolg er freilich auf ein
Mißverständnis bei der Rezeption zu-
rückführte, erlangte er über Nacht
Weltruf.

Bertolt Brecht, 1928

Die Dreigroschenoper.
Uraufführung, Berlin 1928

Helene Weigel als Mutter Courage,
Berlin 1949

Nach der Mitarbeit an verschiedenen Münchner Bühnen (u. a. bei Karl Valentin) war Bertolt Brecht (1898–1956) 1924 nach Berlin gekommen und hatte zwei Jahre lang als Dramaturg bei Max Reinhardt am Deutschen Theater gearbeitet. In der Auseinandersetzung mit dessen auf größtmögliche Illusion zielenden Aufführungen entwickelte er seine Theorie vom epischen, später dialektischen Theater. 1933 verließ der erklärte Nazi-Gegner Deutschland. 1949 kam er nach Ostberlin zurück und gründete mit seiner Frau, der Schauspielerin Helene Weigel, das Berliner Ensemble. Die weltweite Aufmerksamkeit, die es mit der Inszenierung der *Mutter Courage* erringen konnte, trug wesentlich dazu bei, daß Brecht 1954 eine eigene Spielstätte zur Verfügung gestellt bekam. Nach Brechts Tod, zwei Jahre später, führte Helene Weigel das Haus weiter. Das Theater wurde in den 90er Jahren von der Holzapfel Stiftung gekauft, der der Dramatiker Rolf Hochhuth vorsteht.
Nördlich des Brecht-Platzes stand ursprünglich ein Revuetheater.

⓲ Ehemaliger Friedrichstadtpalast
Am Zirkus 1
Hier wurde 1867 Berlins erste Markthalle eröffnet. Die Pläne stammten
von dem Architekten Friedrich Hitzig,
mit dem Fontane während seiner Zeit
als Akademiesekretär in Streit geriet
(vgl. S. 49). Die Markthalle ging bereits nach einem halben Jahr in Kon-
kurs.
Anschließend etablierte Albert Salomonsky im Hause den »Markthallen-
Zirkus«, der zu einer der großen Attraktionen Berlins wurde. 1918 erwarb Max Reinhardt den Komplex
und ließ ihn von Hans Poelzig zum
»Großen Schauspielhaus« umbauen.
Nach einer wechselvollen Geschichte
wurde das im Zweiten Weltkrieg teil-
zerstörte Gebäude wiederhergerichtet
und 1947 als Revuetheater unter dem
Namen »Friedrichstadtpalast« eröffnet. Statische Probleme, bedingt durch
Grundwasserabsenkungen, führten
1984 zum Abriß des Hauses.
1980–84 entstand an der Friedrichstraße 107 der neue Friedrichstadtpalast.
Wir kehren zurück auf die Friedrich-
straße und gehen weiter in nördlicher
Richtung. Hinter der Johannisstraße
und der U-Bahnstation Oranienbur-
ger Tor schwenken wir nach rechts
in die Oranienburger Straße ein. Auf
dem Markt am Oranienburger Tor
pflegt Mathilde Möhring die Lieb-
lingsspeise ihrer Mutter, Hasenleber,
einzukaufen.
Wir gehen am Kunsthaus Tacheles

Markt am Oranienburger Tor, 1886. Re. beginnt die Linienstraße.

vorbei, das 1907/08 als Passagekauf-
haus erbaut und seit den 20er Jahren
von der AEG als »Haus der Technik«
genutzt wurde. Im Zweiten Weltkrieg
schwer zerstört, wurden die übrig-
gebliebenen Gebäude 1989/90 von
Künstlern besetzt. Als Adresse alter-
nativen Kulturlebens erwarb sich das
»Tacheles« rasch einen Namen über
die Grenzen Berlins hinaus.
Schräg gegenüber nimmt die August-
straße ihren Anfang, in der Hermann
Maron wohnte. In dessen Wohnung
pflegte sich der Lenau-Verein, ein lok-
kerer Zusammenschluß von jungen
Dichtern und Bohemiens, zu treffen,
dem Fontane im Sommer 1840 bei-
trat. Wir gehen auf der südlichen Seite
der Oranienburger Straße weiter in
Richtung Osten.

Alexander von Humboldt. Lithographie von
Paul Grabow, um 1845

⓳ Ehemaliges Gartenhaus von Alexander von Humboldt Oranienburger Straße 67

Eine Gedenktafel verweist hier auf
Alexander von Humboldt (1769–
1859), der 1842 mit seinem Diener Seifert im ehemaligen Gartenhaus des
Grundstücks Quartier bezog. Die
Wohnung hatte ihm der Bankier Joseph Mendelssohn zur Verfügung gestellt. Seit Jugendtagen schon waren
die Brüder Humboldt mit den Angehörigen der Familie Moses Mendelssohns freundschaftlich verbunden. In
der damals noch stillen Oranienburger
Straße, seinem »sibirischen Viertel«,
arbeitete der Naturforscher bis zum
Lebensende an dem umfangreichen,
fünf Bände umfassenden Alterswerk
Kosmos.

Alexander von Humboldt hatte in
Frankfurt/Oder, Göttingen, Hamburg
und Freiberg studiert und anschließend eine Anstellung in der preußischen Bergwerksverwaltung angetreten. 1799 begab er sich auf eine
fünfjährige Forschungsreise durch
Amerika, die er in mehrjähriger Arbeit
in Paris auswertete. Die in 34 Bänden
veröffentlichten Forschungsergebnis-
se ließen ihn zu einem der bekanntesten Naturwissenschaftler seiner Zeit
werden. 1827 kehrte er in seine Geburtsstadt Berlin zurück. Er setzte sich
hier für den Neubau der Sternwarte
und die Gründung des Meteorologi-
schen Instituts ein. Seine Stellung als
Kammerherr des Königs nutzend, gelang es ihm immer wieder, Forschungen auf den verschiedensten naturwissenschaftlichen Gebieten anzuregen
und junge Wissenschaftler zu fördern.
Humboldt war Mitglied zahlreicher
in- und ausländischer Akademien und
Wissenschaftsgesellschaften. Er gilt
als Mitbegründer der Hochgebirgsfor-

schung und der thematischen Kartographie. Mit seinem Tod verlor die Berliner Wissenschaft einen ihrer letzten Universalgelehrten.
Auf der gegenüberliegenden Seite steht ein weiteres historisches Gebäude.

⑳ Ehemaliges Kaiserliches Postfuhramt
Oranienburger Straße 35/36

Anstelle des seit Anfang des 18. Jahrhunderts bestehenden Postillionhauses wurde 1875–81 der Komplex des Kaiserlichen Postfuhramts errichtet. Die Entwürfe im Stil der italienischen Renaissance hatte der mit Fontane befreundete Architekt Carl Schwatlo geliefert. Das bis Anfang der 90er Jahre des vorigen Jahrhunderts von der Post genutzte Gebäude steht derzeit in weiten Teilen leer und wird seit einigen Jahren für Ausstellungszwecke (u. a. Berlin Biennale für zeitgenössische Kunst) genutzt.

Die Oranienburger Straße wird am Postfuhramt von der Tucholskystraße gekreuzt.

㉑ Tucholskystraße

Die frühere Artilleriestraße wurde 1951 zu Ehren des Dichters und Publizisten Kurt Tucholsky (1890–1935) umbenannt. In Moabit, im Berliner Norden, geboren, hatte der Sohn eines Großkaufmanns in seiner Heimatstadt, dann in Jena und Genf Jura studiert. Seit 1913 arbeitete er an Siegfried Jacobsohns *Schaubühne* (ab 1918 *Weltbühne*) mit. Zusammen mit dem späteren Friedensnobelpreisträ-

Kurt Tucholsky, 1908

ger Carl von Ossietzky prägte Tucholsky in den 20er Jahren wesentlich das Profil des kämpferischen linksliberalen Blattes. Neben der publizistischen Tätigkeit entstand eine Vielzahl von Gedichten und populären Chansontexten. Als Erzähler hatte er sich schon 1912 mit *Rheinsberg. Ein Bilderbuch für Verliebte* einen Namen gemacht. Von den Nazis 1933 offiziell ausgebürgert und an der politischen Situation in Europa verzweifelnd, wählte er 1935 im schwedischen Exil den Freitod. In der Artilleriestraße siedelte Erich Kästner Szenen seines 1932 erschienenen Kinderbuchs *Pünktchen und Anton* an.

Zwei Häuser weiter endete Fontanes abendlicher Verlobungsspaziergang.

**㉒ Ehemalige Wohnung
von Emilie Rouanet-Kummer
Oranienburger Straße 33**

Auf dem vor wenigen Jahren neu bebauten Grundstück stand bis zur Zerstörung im Zweiten Weltkrieg das Haus, in dem 1845 Emilie Rouanet bei ihrem Pflegevater, dem Kommissionsrat Kummer, wohnte. Nach dem abendlichen Spaziergang kamen Fontane vor der Haustür Zweifel, ob das einander gegebene Versprechen tatsächlich galt:»Mir persönlich stand dies fest. Weil sich aber die dabei gesprochenen Worte von manchen früher gesprochenen nicht sehr wesentlich unterschieden, so nahm ich plötzlich, von einer kleinen Angst erfaßt, zum Abschiede noch einmal die Hand des Fräuleins und sagte ihr mit einer mir sonst fremden Herzlichkeit: ›Wir sind aber nun wirklich verlobt.‹«

Die in einem Brief von 1847 an den Leipziger Freund Wilhelm Wolfsohn ausgedrückte Hoffnung, in »zwei Jahren selbständig, d. h. Apothekenbesitzer, Gatte und resp. Familienvater zu sein«, erfüllte sich nicht. Wenig später empfand Fontane die Verlobung sogar im Gegenteil als übereilt. Und in der Tat waren die finanziellen Grundlagen für einen gemeinsamen Lebensweg nicht gegeben. Befürchtungen überdies, Emilie an einen anderen zu verlieren, der ihr die nötige materielle Sicherheit bieten konnte, machten sich in Eifersuchtsszenen Luft. Andererseits quälte ihn die Sorge, als Dichter

nicht von ihr verstanden zu werden. Doch diese Sorge sollte sich im Laufe ihres Zusammenlebens als völlig unbegründet erweisen. Emilie schrieb später nicht nur all seine von Korrekturen wimmelnden, schier unleserlichen Manuskripte ins Reine, sondern war von Anfang an auch verständnisvolle Kritikerin und hilfreiche Beraterin in literarischen Dingen. Trotzdem drohte die Verbindung mehrfach an den widerstreitenden Gefühlen beider zu zerbrechen. In die Verlobungsjahre platzte auch noch die Nachricht, daß Fontane »zum zweiten Male unglückseliger Vater eines illegitimen Sprößlings« geworden war. Eine Tatsache, die später zu den bestgehüteten Familiengeheimnissen gehören sollte.

Vorbei an den Heckmann Höfen (Oranienburger Straße 32), die mit ihrem Namen an eine Berliner Industriellenfamilie erinnern (vgl. S. 89 f.), und dem ehemaligen Jüdischen Museum (Oranienburger Straße 31), kommen wir zur Synagoge.

**㉓ Neue Synagoge
Oranienburger Straße 30**

Für die seit dem 19. Jahrhundert wachsende Jüdische Gemeinde war der Bau eines neuen Gotteshauses erforderlich. 1859 wurde das Grundstück erworben, und der Schinkel-Schüler Eduard Knoblauch wurde mit den baulichen Planungen beauftragt. Die feierliche Einweihung des im orientalisierenden Stil ausgestatteten Gebäudes fand 1866 statt. Mit 3200 Plätzen gehörte die Neue Synagoge zu den größten jüdischen Gotteshäusern Eu-

Die Synagoge, 1870

ropas. Im Zweiten Weltkrieg stark beschädigt, konnten 1988–95 nur noch der Eingangsbereich und die Vorsynagoge rekonstruiert werden. Das Haus ist heute Sitz der Stiftung Centrum Judaicum sowie Museums- und Begegnungsstätte. Auch Gottesdienste finden wieder statt.

Die Faszination, die die Synagoge in der Zeit ihrer Erbauung auf Fontane ausgeübt hat, beschrieb er 1865 in einem Artikel der *Kreuzzeitung*. Die Redaktion sah sich allerdings zu einem Nachtrag veranlaßt, der, nicht frei von Mißgunst, in die Aufforderung mündete, »daß ein jeder von uns an seinem Teile dafür sorge, daß auch für die Christen in Berlin Gotteshäuser, wenn auch nicht reiche, doch reichlich gebaut werden«.

Rechts neben der Synagoge steht ein Gebäude aus der Zeit um 1900.

**㉔ Ehemaliges Verwaltungs-gebäude der Jüdischen Gemeinde
Oranienburger Straße 28**

Um die Jahrhundertwende erbaut, beherbergte das Haus bis Anfang der 40er Jahre die Verwaltung der Jüdischen Gemeinde, das Gesamtarchiv der deutschen Juden, die Hauptbibliothek und die Jüdische Volkshochschule. Nach dem Zweiten Weltkrieg begann von hier aus der Wiederaufbau der Jüdischen Gemeinde Berlins. Der Dichter Günter Kunert hat in seinem Buch *Ziellose Umtriebe* der Geschichte des Hauses und seiner Menschen ein literarisches Denkmal gesetzt. Im Vorgängerbau war im 19. Jahrhundert an dieser Stelle das von dem namhaften Pädagogen Adolph Diesterweg geleitete Gymnasium untergebracht.

Schräg gegenüber steht die

**㉕ Ehemalige Große Landesloge der Freimaurer von Deutschland
Oranienburger Straße 71/72**

1789–91 als Große Landesloge Deutschlands errichtet, zählte das Haus bis ins 19. Jahrhundert hinein zu den wichtigsten Treffpunkten des geistigen Berlins. Eines der namhaftesten Logenmitglieder war der Schriftsteller und Verleger Friedrich Nicolai.

Ehe wir den Spaziergang beenden, werfen wir noch einen Blick in den

**㉖ Kunsthof
Oranienburger Straße 27**

Als einziger geschlossen erhaltener Wohn- und Handwerkerhof aus der

Mitte des 19. Jahrhunderts gestattet der Komplex noch heute eine Vorstellung vom alten Berliner Hinterhof, wie ihn Fontane in *Stine* skizziert hat:»Der Wirt, ein Kupferschmied, hatte den Hof in eine halb offene Werkstatt verwandelt, in der nun, den ganzen Tag über, auf oft zweimannshohen Braukesseln herumgehämmert wurde, bei welchem Gedröhn und Gehämmre Wanda ihre Rollen lernte. Es tat ihr nichts, ja sie hätte nirgends lieber wohnen mögen, und der Kupferschmiedegeselle, der auf der obersten Kesselrundung oft stundenlang herumritt und sich dabei in platonischer Liebe (der einzigen, die Wanda so kleinen Leuten gestattete) verzehrte, war jedes Mal ihr guter Freund. Ihre von Glasermeister Schlichting abgemietete Wohnung lag nämlich nach dem Hofe hinaus und hatte hier ihren eigentlichen Auf und Eingang. Hier befand sich denn auch ihre Klingel und ihre Karte: ›Wanda Grützmacher, Schauspielerin am Nordend-Theater.‹«

Ende des 19. Jahrhunderts wohnte in dem Komplex das junge Ehepaar Kantorowicz. Vor der Geburt des ersten Kindes Alfred mietete die Kaufmannsfamilie in der benachbarten Krausnickstraße 1 eine geräumigere Wohnung.

Der Sohn, Alfred Kantorowicz (1899–1979), machte sich in den 20er Jahren einen Namen als Journalist und Literaturwissenschaftler. Er gehörte 1933 zu den ersten 100 aus Nazideutschland ausgebürgerten Persönlichkeiten. Nach seiner Teilnahme am Spanischen Bürgerkrieg auf seiten der Republik emigrierte er nach Frankreich, wo er nach dem Einmarsch der deutschen Wehrmacht vom Vichy-Regime interniert wurde. Vor der Deportation gelang ihm die abenteuerliche Flucht in die USA. Nach dem Krieg kehrte er nach Berlin zurück und gab die Zeitschrift *Ost und West* sowie die Werke Heinrich Manns heraus. In Widerspruch zur Politik Ulbrichts geraten, verließ er 1957 die DDR und lebte bis zu seinem Tod in Hamburg. Von seinem wechselvollen Leben erzählt Kantorowicz u. a. in seinem Erinnerungsbuch *Exil in Frankreich*.

In dem heute als Kunsthof genutzten Areal sind Atelierwohnungen und Galerien, Firmen aus dem kulturellen und Medienbereich sowie Cafés und Restaurants untergebracht.

Vom nahen S-Bahnhof Oranienburger Straße ist die Rückkehr in Richtung Friedrichstraße möglich.

Nächste Doppelseite:
Die Barrikade in der Königstraße,
19. März 1848.
Neuruppiner Bilderbogen

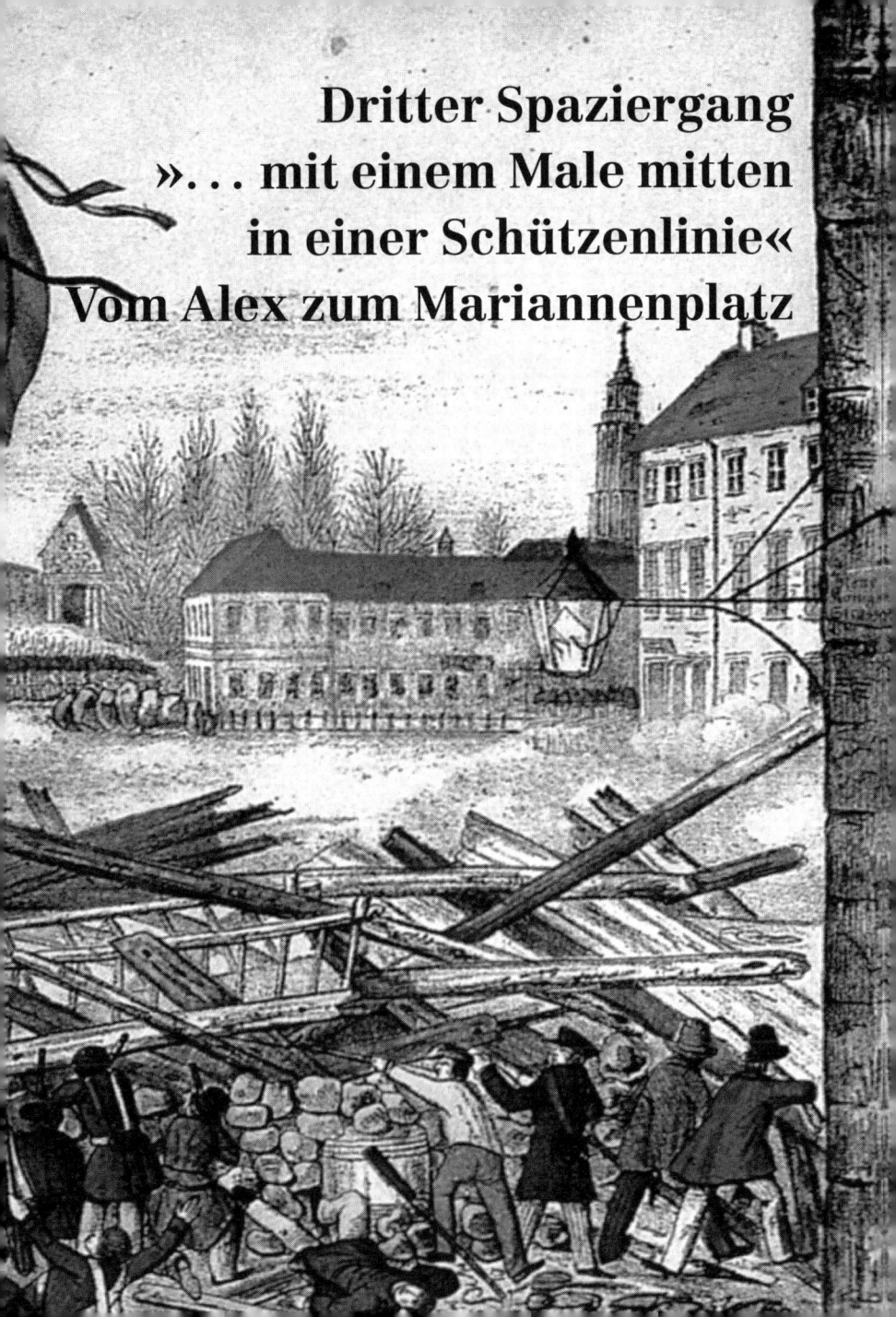

Dritter Spaziergang
»... mit einem Male mitten in einer Schützenlinie«
Vom Alex zum Mariannenplatz

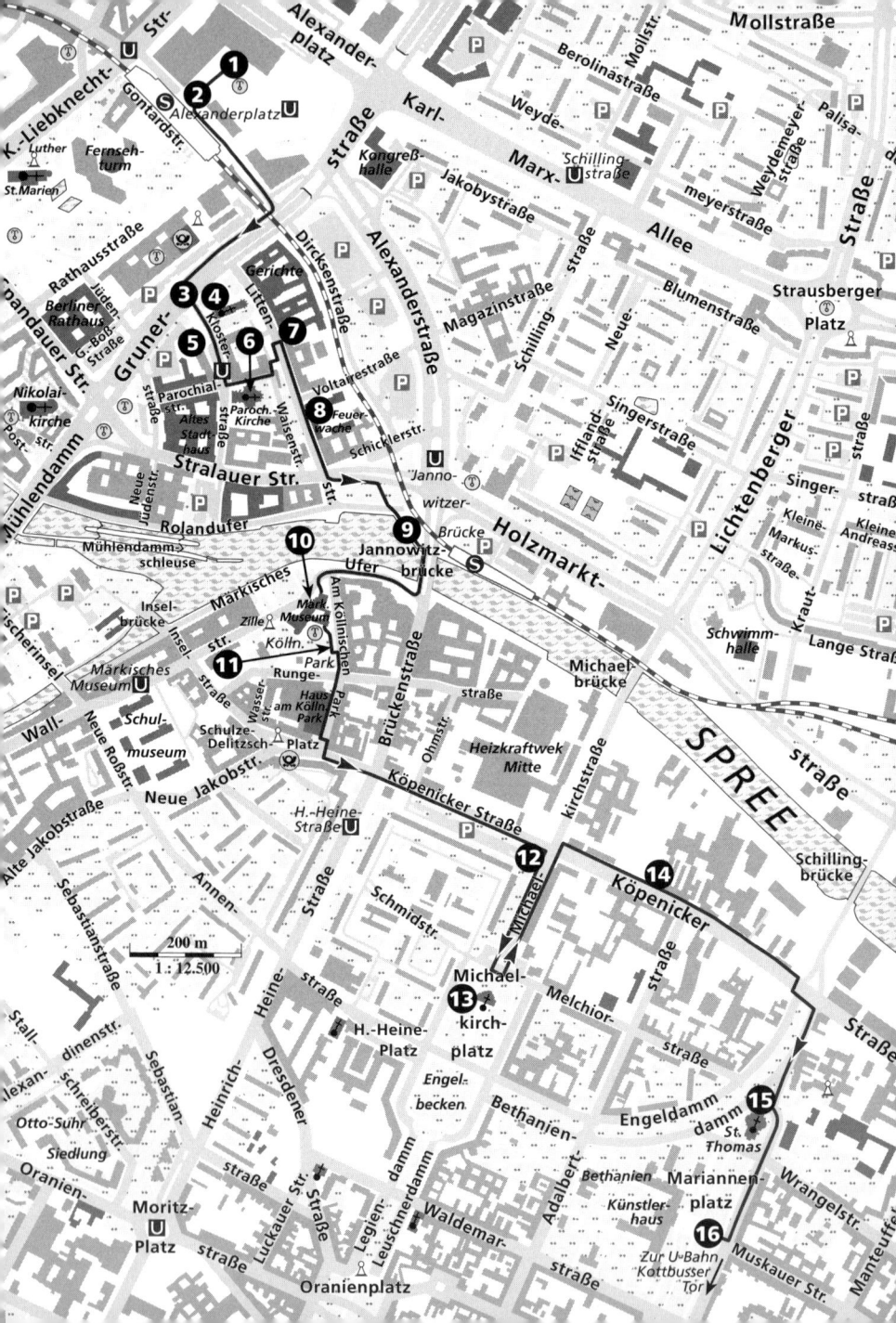

In den Märztagen 1848 gehörte der Alexanderplatz zu den Schauplätzen des revolutionären Geschehens, an dem auch Theodor Fontane beteiligt war. Vom alten Berlin, in dem er Szenen seiner Romane »Vor dem Sturm«, »Der Stechlin« und »Frau Jenny Treibel« ansiedelte, führt uns der Weg bis zum Krankenhaus Bethanien, seiner letzten Stelle als Apotheker.

❶ Alexanderplatz

1805, anläßlich des Berlin-Besuchs von Zar Alexander I., erhielt der damalige »Ochsenmarkt« seinen heutigen Namen. Mit der Errichtung der Stadtbahnanlagen, der Inbetriebnahme des Straßenbahnnetzes und der Eröffnung der U-Bahn entwickelte sich das einst vorstädtisch geprägte Terrain seit dem späten 19. Jahrhundert zu einem der wichtigsten Verkehrsknotenpunkte des modernen Berlins. In die Weltliteratur eingegangen ist der »Alex« durch den 1929 erschienenen Roman *Berlin Alexanderplatz* von Döblin.

Alfred Döblin (1878–1957) kam als Zehnjähriger mit seiner Mutter und den Geschwistern in die Reichshauptstadt. In den Straßen des Berliner Ostens, unweit des Alexanderplatzes, wuchs er auf. Nach dem Medizinstudium arbeitete er zunächst an verschiedenen Berliner Krankenhäusern. 1911 eröffnete er seine erste eigene Praxis in der Kreuzberger Blücherstraße. Vor dem Haus Karl-Marx-Allee 131 (früher Frankfurter Allee 340) erinnert eine Gedenktafel an eine weitere seiner Wirkungsstätten. 1909 be-

Fotomontage von Stone, 1928

gann Döblin, Erzählungen und Essays zu veröffentlichen, und errang mit seinem im Ersten Weltkrieg erschienenen Roman *Die drei Sprünge des Wanglun* einen ersten literarischen Erfolg. 1928 wurde er in die Sektion Dichtkunst der Preußischen Akademie der Künste gewählt. Im Februar 1933 verließ er Deutschland. Nach dem Zweiten Weltkrieg besuchte er Berlin noch mehrfach. Enttäuscht von der politischen Entwicklung in beiden Teilen Deutschlands und der Ignoranz ge-

Alexanderplatz, von Nordosten gesehen, mit dem Kaufhaus Wertheim...

genüber seinem literarischen Werk, zog er sich 1953 endgültig nach Frankreich zurück.

Am westlichen Rande des Platzes stand zu Fontanes Zeiten ein Theater.

❷ Ehemaliges Königstädtisches Theater,
heute Alexander-Haus
Alexanderplatz

Für die Errichtung des Alexander-Hauses mußte das in den 50er Jahren des 19. Jahrhunderts erbaute Wallner-Theater weichen. Bis 1851 hatte an dieser Stelle das Königstädtische Theater gestanden. Es wurde am 18. März

... und der Hochbahn im Hintergrund, 1903

1848 von Revolutionären besetzt. Unter ihnen war auch Theodor Fontane. Nachdem er zunächst versucht hatte, in der Georgenkirche Sturm zu läuten, aber schon am Aufbrechen der Tür gescheitert war, schloß er sich auf der Neuen Königstraße Arbeitern an, die zum Alexanderplatz marschierten. Ziel war das Königstädtische Theater, wo sich der Trupp mit Waffen aus der Requisite zu versorgen gedachte. »Mittlerweile hatten die weiter in den Innenraum Eingedrungenen all das gefunden, wonach sie suchten, und in derselben Weise, wie sich beim Hausbau die Steinträger die Steine zuwerfen, wurde nun, von hinten her, alles zu uns herübergereicht: Degen, Speere, Partisanen und vor allem kleine Gewehre, wohl mehrere Dutzend. Wahr-

**Der alte Alexanderplatz mit dem
Königstädtischen Theater, 1835**

scheinlich – denn es gibt nicht viele
Stücke, drin moderne Schußwaffen
massenhaft zur Verwendung kommen – waren es Karabiner, die man
fünfzehn Jahre früher in dem beliebten
Lustspiele ›Sieben Mädchen in Uni-
form‹ verwandt hatte, hübsche kleine
Gewehre mit Bajonett und Lederrie-
men, die, nachdem sie den theater-
freundlichen, guten alten König Friedrich Wilhelm III. manch liebes Mal
erheitert hatten, jetzt, statt bei Lam-
penlicht, bei vollem Tageslicht in der
Welt erschienen, um nun gegen ein
total unmodisch gewordenes und dabei, ganz wie ein ›altes Stück‹, ausschließlich langweilig wirkendes Regiment ins Feld geführt zu werden. Ich
war unter den ersten, denen eins dieser Gewehre zufiel, und hatte momen-
tan denn auch den Glauben, daß ei-

ner Heldenlaufbahn meinerseits nichts
weiter im Wege stehe.«
Da er mit dem Karabiner nicht zu-
rechtgekommen sei, habe er bald den
Posten an der Barrikade verlassen und
sich »kleinlaut« zurückgezogen, um
nur noch als Beobachter den Geschehn-
nissen zu folgen, ließ Fontane 50 Jahre
später sein Lesepublikum wissen. Daß
der ausgebildete Unteroffizier, »gewe-
sener Franz-Grenadier«, der erst vor
knapp vier Jahren aus dem Militär-
dienst entlassen worden war, sich im
Waffengebrauch derart dilettantisch
angestellt haben soll, bleibt schwer
vorstellbar. Seine wirkliche Rolle in
diesen Märztagen wird nicht mehr
aufzuklären sein. Allerdings war er
schon damals in einem Zwiespalt. Der
Einsicht in die dringend notwendi-
gen gesellschaftlichen Veränderungen

stand seine ungebrochene Altpreußen-verehrung entgegen, vor allem aber seine Freundschaft zum konservativen Kreis der »Tunnelianer«. Fontane rang nach Anerkennung als Dichter, und nur im »Tunnel« war sie ihm bisher ge-währt worden. Die Freunde durften nicht vollends brüskiert werden.

Aus dem inneren Widerstreit heraus erkannte er schärfer als andere, wie mangelhaft der Aufstand organisiert war und wie naiv die Akteure, er selbst eingeschlossen, vorgingen. In der Fo-kussierung auf das unzulängliche Ein-zelne übersah er die Kraft, die dem Ganzen trotz allem innewohnte. Noch im Rückblick vermag Fontane deshalb von den Märzereignissen nicht anders als anekdotenhaft zugespitzt und selbstironisch zu erzählen. Eine Ten-denz, die Geschehnisse zu verharm-losen, auch das eigene politische En-gagement kleinzureden, ist nicht zu übersehen. Erinnert werden muß aller-dings daran, daß er über eine Revolu-tion schrieb, die nicht deshalb geschei-tert war, weil sie zuviel, sondern weil sie zuwenig Entschlossenheit gezeigt hatte.

Fontanes revolutionärer Einsatz war nicht zufällig mit dem Geschehen am Alexanderplatz verbunden. Seit dem Spätherbst 1847 hatte er eine Stelle als Provisor in der Apotheke »Zum schwarzen Adler« angetreten, die in der Neuen Königstraße 50 / Ecke Ge-orgenkirchplatz lag und wo er auch ein Zimmer hatte. Zu DDR-Zeiten ist das an der Nordostseite des Alexan-derplatzes gelegene Viertel mitsamt der im Krieg zerstörten Georgenkirche abgerissen und durch Neubauten er-setzt worden. Auch am Alexander-platz selbst erinnert nichts mehr an die bauliche Situation aus der Zeit Fon-tanes.

Entlang der zum S-Bahn-Viadukt aus-gerichteten Fassade des Alexander-Hauses gehen wir bis zur Gruner-straße und überqueren die Ampel-kreuzung. Auf dem linker Hand als Parkplatz genutzten Gelände stand bis zu seiner Zerstörung im Zweiten Welt-krieg das Berliner Polizeipräsidium. Wir passieren das Land- und Amts-gericht Berlin (Gruner- / Ecke Litten-straße), einen Bau der Jahrhundert-wende, und gelangen wenige Meter weiter zur Klosterstraße. Mit dem Ausbau der Grunerstraße zur achtspu-rigen Fahrbahn verschwanden zu DDR-Zeiten nicht nur Teile der Klo-sterstraße, sondern auch die Gebäu-dereste der ehemaligen Königlichen Kunstschule.

❸ Ehemaliges Atelier von Käthe Kollwitz
Klosterstraße

In dem Haus, das 1933 von der Ate-liergemeinschaft Klosterstraße bezo-gen worden war, hatte bis 1940 die Bildhauerin und Graphikerin Käthe Kollwitz (1867–1945) ihr Atelier. In Königsberg geboren, kam sie 1885 zum Kunststudium in die Reichs-hauptstadt und lebte ab 1891 ständig in Berlin. Durch ihren Mann, der am Prenzlauer Berg eine Kassenarztpraxis betrieb, lernte sie bald die Nöte der ärmeren Schichten kennen. Soziales Elend und menschliches Leid – im Er-sten Weltkrieg fiel ihr Sohn – wurden

Käthe Kollwitz

fortan Motive ihrer aufrüttelnden bildhauerischen und graphischen Arbeiten. Als erste Frau wurde sie 1919 in die Preußische Akademie der Künste aufgenommen. Nach der Machtergreifung der Nationalsozialisten zog sie sich aus dem offiziellen Kulturbetrieb zurück. Sie starb wenige Tage vor dem Ende des Zweiten Weltkriegs auf Schloß Moritzburg bei Dresden.

Rechter Hand, an der Grunerstraße, sehen wir von weitem die Rückseite des Roten Rathauses, den Sitz des Regierenden Bürgermeisters. Das monumentale Gebäude im Stil der Renaissance entstand 1861–69 nach Plänen von Hermann Waesemann. Wir biegen nach links in die Klosterstraße ein.

❹ Klosterruine und ehemaliges Gymnastium zum Grauen Kloster Klosterstraße 74

Von der mittelalterlichen Bebauung der Straße ist allein die Ruine der ehemaligen Franziskanerkirche erhalten geblieben. Sie war Teil einer 1249 angelegten Klosteranlage und galt bis zu ihrer Beschädigung im Zweiten Weltkrieg als das bedeutendste Zeugnis gotischer Baukunst in Berlin. In den ebenfalls zerstörten und später abgetragenen Wohn- und Wirtschaftsgebäuden nördlich der Kirche war nach der Säkularisierung des Klosters 1574 die erste höhere Schule der Stadt eingerichtet worden. Friedrich Ludwig Jahn, Karl Friedrich Schinkel und Otto von Bismarck gehörten zu denen, die im Grauen Kloster die Schulbank drückten. Drei Jahre lang war auch Fontanes Vater Schüler des Gymnasiums.

Die Ruine der Klosterkirche wird heute für Ausstellungszwecke genutzt. *Auf der gegenüberliegenden Straßenseite stand die*

❺ Ehemalige Französische Kirche Klosterstraße 43

Auf der neubebauten Parzelle befand sich 1726–1923 das Gotteshaus der Französisch-reformierten Gemeinde, in dem am 16. Oktober 1850 Theodor Fontane und Emilie Rouanet-Kummer heirateten. Die Trauung nahm der Prediger und Konsistorialrat August Fournier vor, der Fontane bereits 1836 konfirmiert hatte.

»Dem Gastmahl voraus ging natürlich

Gymnasium zum Grauen Kloster, re. am Bildrand die Klosterkirche

Klosterstraße und Parochialkirche. Nach einer Zeichnung von Eduard Gärtner, um 1835

die Trauung, die zu zwei Uhr in der Fournierschen Kirche, Klosterstraße, festgesetzt worden war. Alles hatte sich rechtzeitig in der Sakristei versammelt, nur mein Vater fehlte noch und kam auch wirklich eine halbe Stunde zu spät. Wir waren, um Fourniers willen, in einer tödlichen Verlegenheit. Er aber, ganz feiner Mann, blieb durchaus ruhig und heiter und sagte nur zu meiner Braut: ›Es ist vielleicht von Vorbedeutung – Sie sollen warten lernen.‹«
Das hatte sie bereits getan: Der Trauung war eine fünfjährige Wartezeit vorausgegangen.

Schräg gegenüber finden wir das Podewil (Klosterstraße 68–70). Das Gebäude, das ab 1732 dem Staatsminister Heinrich Graf von Podewil gehörte, wurde 1874 vom Magistrat für das kurz zuvor gegründete Märkische Provinzialmuseum genutzt. Nach mehrmaligem Wechsel der Eigentümer und Nutzer im 20. Jahrhundert diente es ab 1976 als »Haus der jungen Talente«, in dem Jugendliche in unterschiedlichsten künstlerischen Zirkeln ihre Talente erproben konnten. Als Veranstaltungs- und Begegnungsort hat sich das Podewil wieder einen festen Platz im Berliner Kulturleben erobert. In dem ebenfalls nicht mehr vorhandenen Haus Klosterstraße 64 hatte Fontane während des Militärdienstes ein Zimmer gemietet.

An der Klosterstraße / Ecke Parochialstraße erhebt sich die

❺ Parochialkirche

Berlins älteste erhaltene Barockkirche entstand 1695–1703 nach Plänen von Johann Arnold Nering. Der etwas später angefügte Turm besaß ein Glockenspiel, das die Melodie des Hölty-Liedes *Üb immer Treu und Redlichkeit* intonierte.

»Die ›Singuhr‹ der Parochialkirche setzte eben ein, um die ersten Takte ihres Liedes zu spielen, als ein Schlitten aus dem Gasthof ›Zum grünen Baum‹ herausfuhr und gleich darauf schräg gegenüber vor einem zweistöckigen Hause hielt, dessen hohes Dach noch eine Mansardenwohnung trug.«

In Fontanes Roman *Vor dem Sturm* hat der in Berlin studierende Lewin Vitzewitz ein Zimmer in der Klosterstraße bei Frau Hulen gemietet.

Gegenüber der Parochialkirche sehen wir die rückwärtigen Gebäudeflügel des ehemaligen Stadthauses. Der neoklassizistische Komplex wurde vom DDR-Ministerrat genutzt. Heute hat der Berliner Innensenator hier seinen Sitz. Wir gehen die Parochialstraße entlang, überqueren die Waisenstraße, an der noch Teile der mittelalterlichen Stadtmauer sowie Berlins ältestes Lokal »Zur letzten Instanz« (Nr. 14–16) zu finden sind, und kommen zur Littenstraße. Sie hieß ursprünglich Neue Friedrichstraße. Ihre Umbenennung erfolgte 1951 zu Ehren des Rechtsanwalts Hans Litten, der zu den vom NS-Regime hingerichteten Widerstandskämpfern gehörte. In der Neuen Friedrichstraße wohnten im 18./19. Jahrhundert Johann Ludwig Gleim, Christian Dietrich Grabbe sowie eine berühmte Salonière.

❼ Salon der Henriette Herz
Neue Friedrichstraße 22,
heute nahe der Rathausstraße
Um 1795 zog das Ehepaar Markus und Henriette Herz hierher. Der Kant-Schüler Markus Herz (1747–1803), der das Jüdische Hospital leitete, pflegte in seinem Hause private Vorlesungen zu philosophischen und naturwissenschaftlichen Themen zu halten. In der gelehrten, von Männern dominierten Gesellschaft begann seine junge Frau jedoch bald, sich zu langweilen. Sie rang ihrem Gatten die Erlaubnis ab, sich einen eigenen geselligen Kreis schaffen zu dürfen. Ihr Salon wurde rasch zu einem geistigen Zentrum Berlins.

Henriette Herz (1764–1847), Tochter des Arztes und ersten Direktors des Jüdischen Krankenhauses, Benjamin de Lemos, hatte eine sorgfältige Erziehung genossen. Sie beherrschte fast ein Dutzend Sprachen, unterrichtete Wilhelm von Humboldt in Hebräisch und wurde gleichermaßen wegen ihres wachen Verstandes und ihrer Schönheit verehrt. Neben Rahel Levin und Brendel Mendelssohn, den Jugendfreundinnen, gesellten sich zu den literarischen Abenden, auf denen über englische und deutsche Literatur, insbesondere über Goethe, diskutiert wurde, unter anderen Carl Friedrich Zelter, Karl Philipp Moritz, die Humboldts, die Schlegels und Friedrich Schleiermacher hinzu.

1802 lebte eine Zeitlang der Frankfurter Medizinstudent Ludwig Börne (1786–1837) im Herzschen Haus und verliebte sich unglücklich in die 22 Jahre ältere Henriette. Nach dem

Henriette Herz

Tod ihres Mannes zwang ihre finanzielle Situation sie, Privatunterricht zu erteilen. Alexander von Humboldt erwirkte, daß König Friedrich Wilhelm IV. ihr 1845 eine Rente aussetzte. *An der Ostseite des Straßenzugs, auf den Grundstücken der heutigen Feuerwache und der Voltairestraße, befand sich die*

❽ Ehemalige Kaserne des
Kaiser-Franz-Garde-Grenadier-
Regiments Nr. 2
Neue Friedrichstraße 5-8,
heute Littenstraße
Vom 1. April 1844 bis Ostern 1845 leistete Fontane hier seinen Dienst als Einjährig-Freiwilliger im 2. Bataillon des Regiments ab. Es war 1814 ge-

gründet und nach Kaiser Franz I. von Österreich benannt worden. Als Einjährig-Freiwilligem war es ihm gestattet, außerhalb der Kaserne zu wohnen. Er mietete sich zunächst in der Klosterstraße 64, später in der Jüdenstraße 55 ein.

Aus der gemeinsamen Dienstzeit datiert die enge, sich erst im Alter lockernde Freundschaft mit Bernhard von Lepel (1818–1883), der als unverheirateter Seconde-Lieutnant zur selben Zeit in der Kaserne wohnte. Lepel war bei Fontanes Eintritt in den »Tunnel« dessen Fürsprecher. Als Dichter hatte von Lepel in den 40er Jahren mit den *Liedern aus Rom* erste Aufmerksamkeit erregen können. Er brach die

Bernhard von Lepel.
Zeichnung von E. H. Grunwald

Ehemalige Kaserne der »Franz-Grenadiere«, um 1912

für ihn verheißungsvolle militärische Laufbahn deshalb ab und setzte fortan alle Hoffnungen in die Literatenkarriere. 1866 erschien im Verlag von Wilhelm Hertz eine Sammlung seiner Gedichte. Aber der Durchbruch blieb aus. Fontane resümierte später: »Alle diese Gedichte haben dieselben Tugenden, aber freilich auch dieselben Mängel, die die meisten Gedichte jener Tunnelepoche haben: Sie sind alle männlichen Geistes, von einer, wenn man will, sehr tüchtigen Gesinnung eingegeben und stehen einerseits der Liebes- und andererseits der Freiheitsphrase, die damals die Lyrik beherrschte, sehr vorteilhaft gegenüber, aber sie haben, mit alleiniger Ausnahme der Strachwitzschen Gedichte, nichts – oder doch zu wenig – von jenem dem Ohr sich Einschmeichelnden, ohne das es für mein Gefühl keine Lyrik gibt.« Abschließend heißt es über den Freund: »Er war der geborene Hofmarschall eines kleinen kunst- und wissenschaftsbeflissenen Hofes und würde da viel Gutes gewirkt haben.«

Wir wenden uns nach Süden. Im Haus an der Littenstraße 2 / Ecke Stralauer Straße hatte 1930–33 die Marxistische Arbeiterschule (MASCH) Räume angemietet. Bertolt Brecht hielt hier Vorträge.

Die Stralauer Straße, in die wir links einbiegen, führt uns zur Holzmarktstraße, in der Bernhard von Lepel 1847, nach seiner Heirat, eine Wohnung mietete, und zum S-Bahnhof Jannowitzbrücke. Unter dem S-Bahn-

Viadukt hindurchgehend, erreichen wir die

❾ Jannowitzbrücke

Schon im 19. Jahrhundert existierte hier eine Anlegestelle für Ausflugsschiffe. In seinen Romanen hat Fontane immer wieder Partien zu Lande und zu Wasser beschrieben. Woldemar von Stechlin und die gräfliche Familie Barby verabreden sich hier zu einer Vergnügungsfahrt nach Treptow und dem dortigen »Eierhäuschen«: »Nun war der andre Nachmittag da, und kurz vor vier Uhr fuhren erst die Berchtesgadens und gleich danach auch die Barbys bei der Jannowitzbrücke vor. Woldemar wartete schon.

Jannowitzbrücke, Blick vom Märkischen Ufer

Alle waren in jener heiteren Stimmung, in der man geneigt ist, alles schön und reizend zu finden. Und diese Stimmung kam denn auch gleich der Dampfschiffahrtsstation zustatten. Unter lachender Bewunderung der sich hier darbietenden Holzarchitektur stieg man ein Gewirr von Stiegen und Treppen hinab und schritt, unten angekommen, an den um diese Stunde noch leeren Tischen eines hier etablierten ›Lokals‹ vorüber, unmittelbar auf das Schiff zu, dessen Glocke schon zum erstenmal geläutet hatte. Das Wetter war prachtvoll, flußabwärts alles klar und sonnig, während über der Stadt ein dünner Nebel lag. Zu beiden Seiten des Hinterdecks nahm man auf Stühlen und Bänken Platz und sah von hier aus auf das verschleierte Stadtbild zurück.«

Wir dagegen biegen jetzt hinter der Jannowitzbrücke am Botschaftsgebäude der Volksrepublik China in das Märkische Ufer ein und gelangen zum Köllnischen Park.

❿ Märkisches Museum
Am Köllnischen Park 5

Für das Provinzialmuseum errichtete Stadtbaumeister Ludwig Hoffmann 1899–1908 einen Neubau, dessen einzelne Teile sich an bekannten Gebäuden der Mark Brandenburg orientierten. Nach dem Tod Emilie Fontanes übergaben die Kinder dem Museum den Schreibtisch und einige Erinnerungsstücke Fontanes sowie dessen zu Lebzeiten gedruckte erzählerische Werke. Der Schreibtisch gehört zu den Kriegsverlusten.

An der östlichen Seite des Parks steht eine aus Sandstein gefertigte Kolossalgruppe.

⓫ Herkules-Denkmal
Köllnischer Park

Das von Gottfried Schadow entworfene Werk *Herkules, den Nemeischen Löwen bezwingend* gehörte zum plastischen Schmuck der Herkulesbrücke, die ehemals von der Burgstraße über den Stadtgraben in die Kleine Präsidentenstraße führte. Als »Onkel August« und »Tante Pinchen« in die Große Hamburger Straße zogen, ging Fontane auf seinem Schulweg täglich an den Brückenfiguren vorbei.

Die Straße Am Köllnischen Park stößt an ihrem südlichen Ende auf die Köpenicker Straße und etwas weiter rechts auf den Schultze-Delitzsch-Platz mit dem Denkmal für Hermann Schultze-Delitzsch (1808–1883), der als Begründer des deutschen Genossenschaftswesens gilt. An der Südseite des Platzes zweigt die Neue Jakobstraße ab. Sie ist die Verlängerung der Alten Jakobstraße, in der Fontane insgesamt zweimal gewohnt hat. Die »Konditionszeit« als Apothekergehilfe in Burg unterbrechend, war er im Dezember 1840 nach Berlin zurückgekehrt und erkrankte hier im Januar an Nervenfieber. Bei Freund Fritz Esselbach, der ihn einst in den Lenau-Verein eingeführt hatte, fand er in der Alten Jakobstraße nicht nur eine Bleibe, sondern auch aufopferungsvolle Pflege. Gut 20 Jahre später, 1862, zog Fontane mit Emilie noch einmal in dieselbe Straße (Nr. 171).

Wir wenden uns nun nach Osten, überqueren die Brückenstraße und gelangen in jenen Abschnitt der Köpenicker Straße, der seit Mitte des 19. Jahrhunderts vorrangig als Gewerbestandort genutzt wurde. Zahlreiche Fabrikhofanlagen und das Heizkraftwerk Mitte legen noch heute Zeugnis von dieser Entwicklung ab. Dort gab es auch die

⓬ Ehemalige Luisenstädtische Apotheke
Köpenicker Straße 119,
heute Grünfläche
Nach dem Verkauf der Letschiner

Apotheke erwarb Fontanes Schwager Hermann Sommerfeldt 1862 die Luisenstädtische Apotheke. Sommerfeldt war seit 1850 mit Fontanes ältester Schwester Jenny verheiratet. Die Kontakte zwischen den Familien beschränkten sich auf den üblichen verwandtschaftlichen Verkehr. Man traf sich zu Ostern und Weihnachten, später zu Einsegnungen und Hochzeiten der Kinder. Am 10. März 1881 notierte Fontane, der sich gerade mit einer Krankheit herumplagte, ins Tagebuch: »Am Abend aufgestanden und in die Koepnicker Straße gefahren, weil Schwager Sommerfeldt ein Ausbleiben bei seinen Festivitäten übel-

Kreuzung Michaelkirchstraße / Köpenicker Straße, 1905.
Re. die Luisenstädtische Apotheke

Jenny Sommerfeldt,
Fontanes Schwester

nimmt.« Häufig mußte Emilie allein die Höflichkeitsbesuche abstatten.
Fontanes Geschwister, der zwei Jahre jüngere Rudolf, Jenny und Max, ebenfalls ein »Tunnelianer«, spielen sowohl in seinen autobiographischen Aufzeichnungen als auch in den Tagebüchern kaum eine Rolle. Die im Elternhaus durch ständige Auseinandersetzungen aufgeheizte Atmosphäre war einem liebevollen Umgang zwischen den Geschwistern wenig förderlich gewesen. Auch daß Fontane früh auf das Neuruppiner Internat und dann nach Berlin zu »Onkel August« gegangen war, hatte rasch zur Entfremdung beigetragen. Inniger gestaltete sich allein sein Verhältnis zu Elise, die geboren wurde, als er bereits 18 war.

Von der Köpenicker Straße / Ecke
Michaelkirchstraße sehen wir rechts
die

⓭ Michaelkirche
Michaelkirchplatz
Fontane hat sie als »schönste Kirche Berlins« bezeichnet. Sie entstand 1851–56 für die katholische Garnisonsgemeinde. Die Pläne, angelehnt an den Stil lombardischer Backsteinkirchen, stammten von August Soller, dem Onkel des Architekten Richard Lucae. Lucae, der 1872 Direktor der Bauakademie wurde, gehörte als »Rütli«-Mitglied wiederum zum Freundeskreis Fontanes.

Wenige hundert Meter weiter, auf dem Grundstück Köpenicker Straße 48, hat heute das Deutsche Architekturzentrum seinen Sitz. 1893 kaufte der Milchunternehmer Carl Bolle das spreenahe, heute aufgelassene Grundstück und ließ hier einen Kühlhauskomplex sowie eine Eisfabrik errichten. Einige der Gebäude, darunter mehrere Kühlhäuser, das Kessel- und Maschinenhaus sowie der Wasserturm, überstanden den Zweiten Weltkrieg und die DDR-Zeit.

Hier auf einem der Gewerbegrundstücke an der Spree, auf denen sich die Unternehmer oft auch ihre Villen erbauen ließen, siedelte Fontane die Fabrikantenfamilie Treibel an.

⑭ Schauplatz des Romans
Frau Jenny Treibel
Köpenicker Straße
»Die Treibelsche Villa lag auf einem großen Grundstücke, das, in bedeutender Tiefe, von der Köpnicker Straße bis an die Spree reichte. Früher hatten hier in unmittelbarer Nähe des Flusses nur Fabrikgebäude gestanden, in denen alljährlich ungezählte Zentner von Blutlaugensalz und später, als sich die Fabrik erweiterte, kaum geringere Quantitäten von Berliner Blau hergestellt worden waren. Als aber nach dem siebziger Kriege die Milliarden ins Land kamen und die Gründeranschauungen selbst die nüchternsten Köpfe zu beherrschen anfingen, fand auch Kommerzienrat Treibel sein bis dahin in der Alten Jakobstraße gelegenes Wohnhaus, trotzdem es von Gontard, ja nach einigen sogar von Knobelsdorff herrühren sollte, nicht mehr zeit- und standesgemäß und baute sich auf seinem Fabrikgrundstück eine modische Villa mit kleinem Vorder- und parkartigem Hintergarten. Diese Villa war ein Hochparterrebau mit aufgesetztem ersten Stock, welcher letztere jedoch, um seiner niedrigen Fenster willen, eher den Eindruck eines Mezzanin als einer Beletage machte. Hier wohnte Treibel seit sechzehn Jahren und begriff nicht, daß er es, einem noch dazu bloß gemutmaßten friderizianischen Baumeister zuliebe, so lange Zeit hindurch in der unvornehmen und aller frischen Luft entbehrenden Alten Jakobstraße ausgehalten habe; Gefühle, die von seiner Frau mindestens geteilt wurden. Die Nähe der Fabrik, wenn der Wind ungünstig stand, hatte freilich auch allerlei Mißliches im Geleit; Nordwind aber, der den Qualm herantrieb, war notorisch selten, und man brauchte ja die Gesellschaften nicht gerade bei Nordwind zu geben. Außerdem ließ Treibel die Fabrikschornsteine mit jedem Jahr höher hinaufführen und beseitigte damit den anfänglichen Übelstand immer mehr.«

Als unmittelbares Vorbild der Romanfigur diente Fontane der Unternehmer Carl Justus Heckmann, der ebenfalls zuvor in der Alten Jakobstraße gewohnt und sich schließlich ein Haus auf seinem Firmengelände hatte erbauen lassen. Die 1819 eröffnete Heckmannsche Kupferschmiede,

Adolph Menzel, *Besuch im Eisenwalzwerk,* 1900

89

die im Laufe des 19. Jahrhunderts zu einem Weltunternehmen auf dem Gebiet der Kupferverarbeitung aufgestiegen war, lag an der Schlesischen Straße, der Verlängerung der Köpenicker Straße. Ende der 70er Jahre war Fontane mehrfach Gast im Haus des Unternehmers. Die Bekanntschaft hatten entweder seine Schwester Jenny und Schwager Sommerfeldt oder der Maler Adolph Menzel vermittelt, der in den Heckmann-Werken Vorstudien zu dem bekannten Gemälde *Eisenwalzwerk* angefertigt hatte. Der Roman *Frau Jenny Treibel oder Wo sich Herz zum Herzen find't* erschien erstmals 1892 als Fortsetzung in Julius Rodenbergs *Deutscher Rundschau.*

Engel- und Bethaniendamm bezeichneten bis zum Fall der Berliner Mauer den Grenzverlauf. Wir biegen nach rechts in den Bethaniendamm ein. Den weiteren Weg weist uns die

⓯ St. Thomas-Kirche Mariannenplatz

Das Gotteshaus der evangelischen St. Thomas-Gemeinde entstand 1865–1869. Architekt Friedrich Adler, einer der besten Kenner historischer Baustile, der später zum Umbau der Erlöserkirche in Jerusalem hinzugezogen wurde, war auch mit Fontane bekannt. Er gehörte zu den Lesern, die nach Erscheinen von *Effi Briest* sofort den Gesellschaftsskandal um Elisabeth Freiin von Plotho und Armand Léon Baron von Ardenne »rauswitterten«. Der Skandal hatte Fontane zu seinem Roman inspiriert.

Die St. Thomas-Kirche besuchte Fon-

tane am 28. April 1881 anläßlich der Hochzeit seines Neffen Max Sommerfeldt. Als Quintessenz der anschließenden, bis in die Nacht während Feier im »City-Hotel« (Dresdener Straße 52/53) findet sich im Tagebuch der Eintrag: »Gespräche mit Pastor Hübner; der Rest mehr oder weniger besoffen. Um 2 nach Hause.«

Wir gehen an der Nürtingen-Grundschule, Mariannenplatz 28, vorbei. Der 1876 errichtete Klinkerbau gehört zu den insgesamt 120 Schulhäusern, die Stadtbaumeister Hermann Blankenstein vor 1900 in Berlin errichtete. Eingebettet in eine weitläufige Grünanlage, liegt rechter Hand ein Gebäudekomplex.

⓰ Ehemaliges Krankenhaus Bethanien, heute Künstlerhaus Bethanien Mariannenplatz 1–3

1847 wurde das von Friedrich Wilhelm IV. gestiftete Diakonissenkrankenhaus Bethanien eingeweiht. Den Namen hatte der König nach dem Ort am Fuße des biblischen Ölbergs gewählt. Neben den medizinischen Einrichtungen besaß das Haus auch eine eigene evangelische Kirche. Das geistliche Amt bekleidete der Theologe Ferdinand Schultz, der am preußischen Hof über nicht geringes Ansehen und Einfluß verfügte. Er war mit Fontanes Mutter bekannt. Für die Vorbereitung zweier Diakonissen auf das Apothekerexamen wurde für 15 Monate ein Pharmazeut gesucht, der gleichzeitig die Krankenhausapotheke führen sollte. Die Wahl fiel, dank mütter-

Diakonissenkrankenhaus Bethanien, 1855. Li. das Ärztewohnheim

licher Fürsprache, auf Fontane, der nach dem Ausscheiden aus der Apotheke »Zum schwarzen Adler« noch keine neue Anstellung gefunden hatte. Dem lukrativen Angebot von Pastor Schultz, dessen politische Anschauungen Fontane zwar mißfielen, war jedoch wenig entgegenzusetzen. So trat er am 1. September 1848 den Dienst im Krankenhaus an. Am 16. Oktober konnte er zwei Zimmer im benachbarten Ärztewohnheim beziehen. Mit monatlich 20 Reichstalern ausgestattet, bei freier Kost und Logis, hatte er die Apotheke nur zwei Stunden am Tag zu öffnen und damit viel Zeit für sich.

Drei Kapitel seiner Autobiographie *Von Zwanzig bis Dreißig* widmete Fontane später diesem auf ein Jahr befristeten »Sonnenstrahl des Glücks«. Dabei hatte alles zunächst überaus unruhig begonnen: »Meine Übersiedlung in meine neue Stellung fand gerade an dem Nachmittage statt, wo Bürgerwehr und Volk auf dem Köpenicker Felde herumbataillierten, daß ich – ich war mit einem Male mitten in einer Schützenlinie – unter Flintengeknatter meinen Einzug in Bethanien hielt.«

Der Einsatz einer Dampfmaschine beim Bau des Luisenstädtischen Kanals hatte unter den Arbeitern Befürchtungen ausgelöst, daß es zu Massenentlassungen kommen könne. Die aufgebrachten Männer demolierten kurzerhand die Maschine, woraufhin sich der Magistrat genötigt sah, eine Abteilung der Bürgerwehr in Marsch zu setzen. Die Auseinandersetzung, in die Fontane samt Umzugsgepäck geriet, forderte insgesamt elf Tote.

Dem ungemütlichen Empfang in Bethanien entsprachen nach Beendigung der Anstellung 1849 die Zukunftsaussichten: »Was also tun? In einen elenden Durchschnittskasten mit schlechter Luft und schlechtem Bett wieder hineinzukriechen, bei Tisch ein zähes Stück Fleisch herunterzukauen und den ganzen Tag über allerlei Kompaniechirurgenwitze – die's damals noch gab – mit anhören zu müssen, all das hatte was geradezu Schaudervolles für mich, und nach ernstlichem Erwägen kam ich endlich zu dem Schluß: es sei das beste für mich, den ganzen Kram an den Nagel zu hängen und mich, auf jede Gefahr hin, auf die eignen zwei Beine zu stellen.« Fontane hatte vor, sich von nun an als Schriftsteller durchzubeißen.

Seit 1973, nachdem Bürgerproteste den Komplex vor dem Abriß retteten, werden die Gebäude als Künstlerhaus genutzt. Neben dem Kunstamt Kreuzberg sind hier Ateliers, Druckwerkstätten sowie kulturelle und soziale Einrichtungen untergebracht. Die historische Offizin der Krankenhausapotheke, in der Fontane seinen Dienst versah, kann nach Anmeldung beim Kunstamt Kreuzberg besichtigt werden. Das ehemalige Ärztewohnheim ist heute die einzige in Berlin erhalten gebliebene Unterkunft des Dichters, woran eine Gedenktafel erinnert.

Von der Station Kottbusser Tor südlich vom Mariannenplatz erreichen wir mit der U-Bahn bequem die Innenstadt.

Vierter Spaziergang
»… bin wiederum angestellter Scriblifax«
Zwischen Brandenburger Tor und Chausseestraße

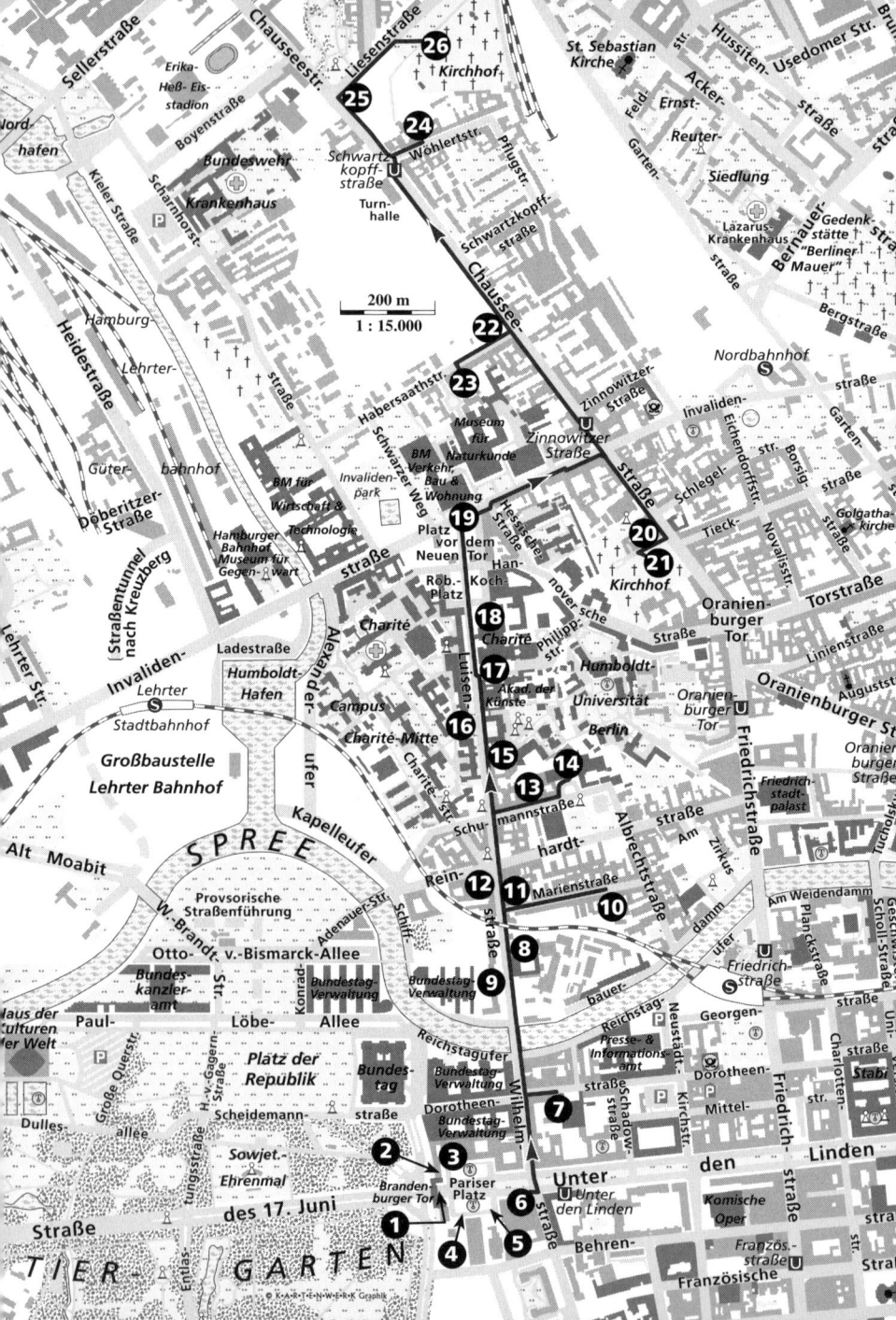

Am Pariser Platz beginnend, wird auf diesem Spaziergang an Fontanes erstes Jahr als freier Schriftsteller erinnert. Wir suchen die Straße auf, in der er als junger Ehemann mit Emilie wohnte, und beschließen den Weg auf dem Friedhof der Französisch-reformierten Gemeinde, wo er seine letzte Ruhestätte fand. Unterwegs begegnen wir der Witwe Pittelkow und ihrer Tochter Olga aus der Erzählung »Stine«.

F. A. Calau, *Pariser Platz,* um 1820

❶ Brandenburger Tor
Pariser Platz

Berlins erstes, von Carl Gotthard Langhans geschaffenes klassizistisches Bauwerk wurde bald nach seiner Fertigstellung 1793 zum Wahrzeichen der Stadt. Von dem Bildhauer Johann Gottfried Schadow stammt die Quadriga auf dem Tor. In den flankierenden Torhäusern waren linker Hand die Wache und rechter Hand der Steuereinnehmer untergebracht.

Der Leutnant Adelbert von Chamisso (1781–1838) soll in der Wachstube am Brandenburger Tor häufig Freunde empfangen haben, um sich mit ihnen im angeregten Gespräch den langweiligen Dienst zu vertreiben. Im Dezember 1804 versäumte er, während der König höchstselbst das Tor passierte, die Schildwachen aufziehen und salutieren zu lassen. Der junge Offizier kam mit Arrest davon, Unteroffizier und Mannschaft erhielten Prügelstrafen.

Die Familie Chamisso war im Zuge der Französischen Revolution von ihren Gütern in der Champagne vertrieben worden und kam nach Irrwegen durch halb Europa 1796 nach Berlin. Der zweitjüngste Sohn Louis Charles Adelaide, der später den Vornamen Adelbert annahm, fand, protegiert vom König und dessen Gemahlin Luise, eine Anstellung als Page im Schloß Monbijou. Er besuchte das Französische Gymnasium und trat anschließend eine militärische Laufbahn an. 1806 quittierte er den Dienst. Erst jetzt, befreit von den äußeren Zwängen, entfaltete sich seine literarische und naturwissenschaftliche Begabung. Auf eigene Kosten betrieb er botanische, zoologische und medizinische Studien. 1813 legte er seine erste bedeutsame Schrift auf dem Gebiet der Botanik vor. Im selben Jahr entstand die Novelle *Peter Schlemihls wundersame Geschichte,* die ihn mit einem Schlag in der literarischen Öffentlichkeit bekannt machte.

Sein Wirken als Schriftsteller und Wissenschaftler – 1815 ging er drei Jahre lang als Naturforscher auf Weltreise – fand in der Folgezeit in ganz Europa Anerkennung. 1819 wurde er Kustos am Botanischen Garten in Berlin. Mit seinen politischen Gedichten beeinflußte er nicht nur Heinrich Heine, sondern auch die frühe Lyrik Fontanes. Das Chamisso-Denkmal befindet sich am Monbijouplatz.

Rechts neben dem Brandenburger Tor stand bis zu seiner Zerstörung im Zweiten Weltkrieg das Wohnhaus von Max Liebermann.

❷ Haus Liebermann
Pariser Platz 7

Max Liebermann (1847–1935), als Sohn eines Kaufmanns in diesem Haus geboren, studierte nach dem Abitur in Weimar an der Kunstschule und ließ sich nach ausgedehnten Reisen zunächst in München nieder. 1884 kam er in seine Heimatstadt zurück, wo er

sich als Maler, in Abkehr von der herrschenden Kunstauffassung, schnell einen Namen machte. Er war Mitbegründer der »Freien Künstlervereinigung« und der »Berliner Sezession«. 1896 saß Fontane ihm in dessen Atelier wiederholt Modell. 1898 wurde Liebermann, inzwischen Professor, Mitglied der Akademie der Künste, dessen Präsident er 1920–32 war.

Am 30. Januar 1933, nach der Ernennung Hitlers zum Reichskanzler, beobachtete Liebermann von seinem Fenster am Pariser Platz aus den nächtlichen Fackelzug der braunen Horden durchs Brandenburger Tor. »Ick kann ja nich so ville fressen, wie ick kotzen möchte«, lautete angesichts des gespenstischen Aufmarschs sein Kom-

Pariser Platz mit Brandenburger Tor und Haus Liebermann (re.)

**Max Liebermann vor dem
Wahllokal**

*richtete Wohn- und Geschäftshaus er-
innert in der Gestaltung an ein Vorgängergebäude.*

**❸ Ehemalige Wohnung von
Giacomo Meyerbeer
Pariser Platz 6 a**
Hier wohnte 1843–63 der Komponist
Giacomo Meyerbeer. Der 1791 in Tas-
dorf bei Berlin geborene Sohn eines
Bankiers wurde u. a. von Carl Fried-
rich Zelter ausgebildet. Eine erste An-
stellung erhielt er als Hofkomponist
beim Großherzog von Hessen-Darm-
stadt. 1814 übersiedelte er nach Paris.
Aus der Zusammenarbeit mit dem
Librettisten Eugène Scribe entstan-
den Opern, die in der französischen

**Giacomo Meyerbeer, 1851.
Gemälde von Carl Begas**

mentar. Seine Werke, die zu den her-
ausragenden Arbeiten der deutschen
Malerei im frühen 20. Jahrhundert gehören, ließen die NS-Behörden als
»entartet« aus den Museen entfernen.
Als er am 8. Februar 1935 auf dem Jüdischen Friedhof an der Schönhauser
Allee beigesetzt wurde, durften nur
engste Angehörige und ausgewählte
Vertreter der Jüdischen Gemeinde an
der Trauerfeier teilnehmen. Die Gestapo hatte öffentliche Beileidsbekun-
dungen verboten. Seine Witwe nahm
sich 1943, vor der Deportation ins
Konzentrationslager, das Leben.
In Anlehnung an die historische Fassade wurde das Haus Liebermann
1996 neu errichtet.
Auch das benachbarte, 1997/98 er-

Hauptstadt begeisterte Aufnahme fanden. Er wurde Mitglied der französischen und schließlich auch der Preußischen Akademie der Künste. 1842 trat er in Berlin die Stelle des Generalmusikdirektors der Königlichen Oper an. Er setzte sich für deutsche Komponisten, insbesondere Richard Wagner, ein, der sich später darin gefiel, seinen Förderer mit antisemitischen Artikeln zu verunglimpfen. Während der Vorbereitungen zu seiner letzten Oper, *Die Afrikanerin*, starb Meyerbeer 1864 in Paris und wurde auf seinen Wunsch in Berlin, auf dem Jüdischen Friedhof an der Schönhauser Allee, beigesetzt.

Neu ist ebenfalls die nördliche und südliche Bebauung des Pariser Platzes, zu der u. a. die Gebäude der Dresdner Bank (Nr. 5a/6) und der Französischen Botschaft (Nr. 5) gehören. Auf dem Grundstück des heutigen DG-Bankgebäudes stand ehemals das

❹ Wohn- und Sterbehaus von August Wilhelm Iffland, heute DG-Bank Pariser Platz 3

Der Schauspieler und Dramatiker August Wilhelm Iffland (1759–1814) leitete seit 1796 das Nationaltheater am Gendarmenmarkt, das unter seiner Intendanz zu einer der führenden deutschsprachigen Bühnen aufstieg. Früher Ruhm war dem aus Hannover stammenden Iffland als Franz Moor in der Uraufführung der *Räuber* zuteil geworden. Auch in Berlin verhalf er den Dramen Schillers zum Durchbruch. Vergessen sind seine eigenen Unterhaltungsstücke, die bei den Zeit-

Sitzung der Akademie der Künste, Berlin 1929. Von li. nach re.: Döblin, Th. Mann, Ricarda Huch, Bernhard Kellermann, Hermann Stehr, Alfred Mombert ...

genossen großen Anklang fanden und dem finanziell mager ausgestatteten Haus am Gendarmenmarkt, zusammen mit den Aufführungen der Kotzebueschen Werke, eine solide wirtschaftliche Basis sicherten.

Das DG-Bankgebäude, von Frank O. Gehry errichtet, gilt in seiner Innenraumgestaltung als eines der gelungensten architektonischen Werke der letzten Jahre. Im Hause finden kulturelle Veranstaltungen statt.

❺ Ehemaliges Geburtshaus von Achim von Arnim, heute Akademie der Künste Pariser Platz 4

In diesem Palais ist Achim von Arnim (1781–1831) zur Welt gekommen. Er studierte Jura und lernte 1801 in Göttingen Clemens Brentano kennen. Unter dessen Einfluß wandte er sich mehr und mehr der Literatur zu. Nach ausgedehnten Reisen ließ er sich in Heidelberg nieder, wo er mit der von ihm begründeten *Zeitung für Einsiedler* zu einem tonangebenden Vertreter der Heidelberger Romantik wurde. 1806 erschien der erste Teil seiner zusammen mit Brentano herausgegebenen Volksliedsammlung *Des Knaben Wunderhorn.* 1808 kehrte Arnim nach Berlin zurück und heiratete drei Jahre später Bettina Brentano, die Schwester seines Freundes (vgl. S. 61 f.). Nach den Befreiungskriegen, an denen er als Hauptmann teilnahm, zog er sich 1814 auf sein Gut nach Wiepersdorf, südlich von Berlin, zurück. Neben publizistischen Arbeiten entstand hier eine Vielzahl von Prosatexten, unter

... Mombert, Eduard Stucken, von Scholz, Loerke, von Molo, Ludwig Fulda, H. Mann. Dahinter: Kellermann, Döblin, Th. Mann und Max Halbe

anderen die Novellen *Der tolle Invalide auf dem Fort Ratonneau* oder *Fürst Ganzgott und Sänger Halbgott.* Sein farbenreicher erzählerischer Bilderbogen *Die Kronenwächter,* der dem Genre des historischen Romans neue Impulse gab, blieb unvollendet.

Seit 1907 war das Gebäude Sitz der Preußischen Akademie der Künste, 1926 bezog auch die neugegründete Sektion für Dichtkunst Räume im Haus. Wilhelm von Scholz, Walter von Molo und Heinrich Mann gehörten zu den im Zwei-Jahres-Rhythmus gewählten ersten Präsidenten der Dichterakademie. Der Lyriker Oskar Loerke nahm bis 1933 das Amt des Akademiesekretärs wahr. Lesungen und Diskussionsrunden mit weltweit bekannten Schriftstellern fanden hier statt. 1932, auf einer der letzten großen Veranstaltungen, las Franz Werfel aus seinem Roman *Die vierzig Tage des Musa Dagh.* Nach der Machtergreifung durch die Nazis wurden die jüdischen und mißliebigen Autoren zum Austritt gezwungen. Ricarda Huch und Thomas Mann solidarisierten sich mit den Verfemten und traten freiwillig aus.

Nach der Ausschaltung der Akademie wurde hier 1937 die Generalbauinspektion Albert Speers untergebracht. Anstelle der im Krieg weitgehend zerstörten Bauten entstand 1998–2001 das neue Gebäude für die vereinigten Akademien Ost und West.

Wir verlassen den Pariser Platz. An der südwestlichen Ecke zur Wilhelmstraße gibt es nun wieder das

❻ Hotel Adlon
Unter den Linden 75–77

1995–97 wurde das Hotel Adlon neu errichtet, wobei Gestaltungselemente des 1907 eröffneten Vorgängerbaus aufgenommen worden sind. Das Adlon war vor und nach dem Ersten Weltkrieg eines der international angesehensten Hotels. Charlie Chaplin und Sinclair Lewis, Gerhart Hauptmann und Thomas Mann zählten zu den vielen namhaften Gästen. Kaiser Wilhelm II. selbst hatte das Bauvorhaben protegiert, da er meinte, daß es Berlin an einem wirklichen Luxushotel mangele. Bei dem Berliner Gastronomen Lorenz Adlon, in dessen Schlemmerlokal »Hiller« Unter den

Hotel Adlon, Eingang

Linden er bereits als Kronprinz verkehrt hatte, sah er ein solches Projekt bestens aufgehoben.

Auf dem dafür vorgesehenen Grundstück stand allerdings das von Schinkel erbaute Palais Redern. Graf Wilhelm von Redern (1842–1897), einer der Nachfolger Ifflands am Schauspielhaus, war nicht nur ein besessener Theatermann, sondern auch ein generöser Gastgeber gewesen. Alexander von Humboldt, Chamisso, Joseph von Eichendorff, Schleiermacher, Rauch und Schinkel verkehrten in seinem Haus. Es verwundert daher nicht, daß der geplante Abriß des architektonisch und kulturhistorisch bedeutsamen Gebäudes zu leidenschaftlichen Protesten in der Stadt führte.

Wir wechseln die Straßenseite und biegen am Wohn- und Geschäftshaus Unter den Linden 80 in den nördlichen Teil der Wilhelmstraße ein. Wir passieren die 1996–2001 errichteten, vorrangig für den parlamentarischen Betrieb vorgesehenen Dorotheenblöcke.

An der Südseite der Dorotheenstraße, früher das dritte Haus nach der Ecke Wilhelmstraße, damals noch Neue Wilhelmstraße, stoßen wir abermals auf eine Spur Theodor Fontanes.

❼ Ehemalige Wohnung von August Fontane
Dorotheenstraße 60

Vom Hausvogteiplatz 5 (vgl. S. 15 f.) waren August und Philippine Fontane 1846 hierher in eine Wohnung im zweiten Stock übergesiedelt. Im Sommer desselben Jahres gab Neffe Theodor sein Zimmer in der Polnischen Apotheke auf (vgl. S. 52 f.) und zog, »diesmal aber nicht als Gast, sondern als regelrechter Mieter«, wieder bei Onkel und Tante ein, wo er sich mehr Ruhe für seine anstehenden Examensvorbereitungen und zugleich eine vergnüglichere Gesellschaft versprach. Im Spätsommer schon kündigte er das Mietverhältnis wieder und reiste ins Oderbruch, um die Examensstudien in der von seinem Vater geführten Letschiner Apotheke recht und schlecht voranzutreiben. Zurück in Berlin, legte Fontane im März 1847 seine Prüfung als Apotheker ab.

»Das Examen verlief indessen anders, als mein Vater erwartete. Ich fiel nicht durch, aber noch weniger erhielt ich eine Nummer eins. Es war alles Durchschlupf, *Hairbreadth escape*. Dabei passierte das, was immer passiert, daß ich auf dem Gebiet, auf dem es am schlimmsten mit mir stand, am besten abschloß. Das war in der Botanik. Ich ging, in Frack und weißer Binde, durch die Friedrichstraße hin auf meine Marterstätte zu. Bei Raehmels Weinhandlung, damals Ecke der Rosmaringasse, angekommen, schwenkte ich ein, um mich durch eine halbe Flasche Rotwein soweit wie möglich zu stärken und dabei noch einen flüchtigen Blick in ein kleines, mich beständig begleitendes botanisches Büchelchen zu tun. Ich schlug blindlings auf, und auf der linken Seite stand: ›Die Karyophyllazeen‹. Die Typen stehen noch deutlich vor mir. Es war hier alles nur *in nuce* gegeben, aber sowenig es war, es rettete mich doch, denn siehe da, der alte Link, berühmter Botanikprofessor – Vater oder Taufpate der Linkstraße –, begann mit seiner Krähstimme gerade nach den Karyophyllazeen zu fragen. Er sah wohl, daß ich nur gerad einen Schimmer davon hatte und mit diesem Schimmer alles zu vergolden trachtete. Das amüsierte ihn, und so gab er mir denn ein ganz leidliches, will also sagen, unverdientes Zeugnis.«

Heinrich Friedrich Link (1767–1851) gehörte zu den namhaftesten Berliner Forschern. Als Universitätslehrer und Mitglied der Prüfungskommission für Ärzte und Pharmazeuten bildete er eine ganze Generation von Naturwissenschaftlern und Medizinern heran. Die erworbene Approbation berechtigte Fontane endlich, eine eigene Apotheke zu führen. An den Erwerb eines Geschäfts war wegen der fehlenden finanziellen Mittel allerdings nicht zu denken.

In dem nicht mehr erhaltenen Haus Dorotheenstraße 16 wohnte in den 80er Jahren des 19. Jahrhunderts der Jurist Carl Robert Lessing (1827–1911), der Haupteigentümer der »Vossischen Zeitung«. Hier war Fontane mehrfach zu Gast und lernte auch den Baron Armand Léon von Ardenne kennen. Von Emma Lessing, der Frau des Verlegers, erfuhr er die Ehebruchsgeschichte, die sich zwischen den Ardennes zugetragen hatte und Vorlage für seinen Roman »Effi Briest« wurde. Wir passieren das ARD-Hauptstadtstudio an der Wilhelmstraße / Ecke Reichstagufer. Im Vorgängerbau, der im Zweiten Weltkrieg zerstört wurde und der zu dem sich bis zur Dorotheenstraße erstreckenden Universitätskomplex gehörte, war ab 1878 das Physikalische Institut unterge-

bracht. Es wurde in den Anfangsjahren von Hermann von Helmholtz geleitet, der hier den Grundstein für die später weltbekannt gewordene »Berliner Physik« legte. Max Planck begründete in einem am 14. Dezember 1900 in diesem Haus gehaltenen Vortrag die Quantentheorie.

Vor uns liegt die Marschallbrücke, von der wir einen Überblick über die Bundesbauten am Spreebogen gewinnen. Links, nächst der Brücke, erhebt sich das Jakob-Kaiser-Haus mit den Abge-

George Fontane

ordnetenbüros. Es folgen das ehema-
lige Reichspräsidentenpalais und der
1995–99 zum Bundestag umgebaute
Reichstag. Rechts sehen wir das Ma-
rie-Elisabeth-Lüders- und das Paul-
Löbe-Haus. Dahinter steht das Kanz-
leramt.
Nach der Marschallbrücke folgen wir
jetzt der Luisenstraße. Rechter Hand,
mit Zugang vom Schiffbauerdamm
aus, haben die Nachrichtenagentur
Reuters und der Fernsehsender RTL
ihre Berliner Dependancen eingerich-
tet. Dort, wo heute neben dem einsti-
gen Kaiserlichen Patentamt ein Nach-
folgebau vom Anfang des 20. Jahrhun-
derts steht, befand sich die

**Theodor Fontane. Bleistiftzeichnung
von Luise Kugler, 1853**

❽ Ehemalige Wohnung von Emilie und Theodor Fontane
Luisenstraße 35

Hier bezog die junge Familie Fontane mit ihrem erstgeborenen Sohn George 1851 eine Wohnung. »Fontane, Th., Schriftsteller«, lautet der Eintrag im Adreßbuch von 1853. Die selbstbewußte Angabe des Berufs läßt auf den ersten Blick eine schon gefestigte Existenz vermuten. Die Wirklichkeit sah jedoch anders aus. Im August 1850 hatte Fontane eine Anstellung im »Literarischen Kabinett« erhalten. Die Institution war dem preußischen Innenministerium zugeordnet und stellte nichts anderes als eine verkappte Zensurbehörde dar. Ziel war es, die seit der achtundvierziger Revolution eingeführte Pressefreiheit zu unterlaufen. Die Kontrolle der in- und ausländischen Blätter sowie der Aufbau eines regierungsfreundlichen Zeitungswe-sens gehörten zu den Aufgaben des »Kabinetts«. Neben der Auswertung und Archivierung von Publikationen hatten die Mitarbeiter auch staatsgefällige Korrespondenzartikel zu verfassen, die in die preußischen Lokalblätter lanciert wurden.

Der Demokrat Fontane geriet bald in Konflikt mit seinem Amt. Als ihm wegen Umbesetzung der Stellen im Dezember 1850 gekündigt wurde, nahm er dies mit Erleichterung auf. Der Ausfall der bescheidenen, aber festen Einkünfte, die es überhaupt erst ermöglicht hatten, Emilie nach fünfjähriger Verlobungszeit zu heiraten, ließ sich durch die Autorentätigkeit freilich nicht kompensieren. Zwar erschienen noch im selben Monat seine ersten beiden Lyrikbände, *Männer und Helden* und *Von der schönen Rosamunde.* Doch reichten die schmalen Honorare kaum, ihn selber, geschweige denn die Familie zu ernähren. Die Fontanes hatten daher die geräumige Wohnung Puttkamerstraße 6 räumen müssen, die sie unmittelbar nach der Hochzeit bezogen hatten. Lediglich zwei Zimmer bewohnte die junge Familie in ihrer neuen Unterkunft selbst, die übrigen Räume wurden »Chambre garnie vermietet«.

Erst Ende des folgenden Jahres gelang es Fontane, eine neue Anstellung zu finden. Am 30. Oktober 1851 schrieb er an Bernhard von Lepel:»Ich habe mich heute der Reaktion für monatlich 30 Silberlinge verkauft und bin wiederum angestellter Scriblifax (in Versen und Prosa) bei der seligen Deutschen Reform, auferstandenen Adler-Zeitung. Man kann nun mal als anständiger Mensch nicht durchkommen. Ich debütiere mit Ottaven zu Ehren Manteuffels. Inhalt: der Ministerpräsident zertritt den (unvermeidlichen) Drachen der Revolution. Sehr nett! Leb wohl.«

Von April bis September 1852 ging Fontane für die halbamtliche *Adler-Zeitung* nach London. Der Versuch, als Korrespondent Fuß zu fassen, aber mißlang. Während seiner Abwesenheit entband Emilie das zweite Kind, das kurz nach der Geburt starb. Die schlimme körperliche und seelische Verfassung, in der seine Frau war, bestärkte Fontane, erst einmal nach Berlin zurückzukehren. Freunde, allen voran von Lepel und Wilhelm von Merckel, griffen der Familie immer wieder finanziell unter die Arme. Fon-tane spielte in der Folge mit dem Gedanken, eine Schülerpension zu gründen. Auch der Eintritt ins Militär oder die Annahme eines Schaffnerpostens bei der Eisenbahn wurden ernsthaft erwogen.

1854 trat er in die »Zentralstelle für Preßangelegenheiten« ein, der Nachfolgeinstitution des »Literarischen Kabinetts«, und bekam die Auswertung der britischen Zeitungen übertragen. Die dem Staatsministerium angegliederte Behörde hatte ihren Sitz in der Leipziger Straße 110/111. Im August 1855 erhielt Fontane, diesmal im Auftrag der preußischen Regierung, eine zweite Chance, als Korrespondent nach London zu gehen. Mehr als drei Jahre sollte der Aufenthalt dauern. *An der westlichen Straßenseite lag die*

❾ **Ehemalige Wohnung von Leopold von Ranke Luisenstraße 24**

1844 zog hier der Historiker Leopold von Ranke (1795–1888) ein. Noch im hohen Alter arbeitete er an der 54 Bände umfassenden Gesamtausgabe seiner Werke. Fontane lernte den Geschichtsprofessor, obwohl man vis-à-vis gewohnt hatte, erst 1857 in London kennen.

In dem ebenfalls nicht mehr existierenden Gebäude Luisenstraße 27 nahmen 1868 der Königliche Musikdirektor Hermann Krigar und seine Frau Emilie sowie deren Bruder, der Maler Adolph Menzel, Quartier. Wir überqueren die Marienstraße, in der Anfang des 20. Jahrhunderts zwei junge Schriftsteller wohnten.

❿ Ehemalige Unterkunft von Otto Flake und René Schickele Marienstraße 13

Otto Flake (1880–1963) hatte Philosophie, Germanistik und Kunstgeschichte in Straßburg studiert, René Schickele (1883–1940) Philosophie und Naturwissenschaften. Aus der Straßburger Zeit datiert ihre Freundschaft. Gemeinsam mit Ernst Stadler gaben sie 1902 die elsässische Kulturzeitschrift *Der Stürmer* heraus. Ein Jahr später gründeten sie den *Merker*. Hungrig nach Anerkennung kamen beide in die Reichshauptstadt, wo es Samuel Fischer gelungen war, die vielversprechenden Talente der neuen deutschen Literatur an seinen Verlag zu binden.

Nicht im neuen Westen, rund um den Kurfürstendamm, wohnten die beiden, sondern im alten Zentrum. »… es hatte den Vorteil, daß man, wenn ich mich so ausdrücken darf, dem Eingeweidegeruch des Stadtungeheuers näher war als Jahre später in den Bourgeoisvierteln. Man war dem Schauplatz näher, auf dem vor zehn, fünfzehn Jahren der Naturalismus seine Ideen und Anschauungen gefunden hatte«, erinnert sich Flake später in seiner Autobiographie *Es wird Abend*.

Für beide blieb Berlin jedoch nur Zwischenstation. Schickele ging 1909 als Korrespondent nach Paris, Flake 1912 in gleicher Funktion nach Konstantinopel. Mit dem Ersten Weltkrieg trennten sich ihre Lebenswege auch politisch. Schickele, der 1915–19 die pazifistischen *Weißen Blätter* herausgab, emigrierte in die Schweiz, Flake

René Schickele

wurde in Brüssel Mitarbeiter der politischen Abteilung des deutschen Heers. Literarisch und publizistisch bemühten sich beide, auf unterschiedliche Weise, nach dem Krieg um die Verständigung zwischen Deutschland und Frankreich.

Im Eckhaus zur Luisenstraße finden wir die

⓫ Mori-Ogai-Gedenkstätte Luisenstraße 39 / Ecke Marienstraße

Eine Gedenktafel am Eingang des Hauses verweist auf die einstige Wohnstätte des japanischen Arztes und Schriftstellers Mori Ogai (1862–1922). Der junge Militärmediziner war 1884 nach Deutschland zum Studium geschickt worden und verbrachte zunächst einige Semester in Leipzig und München. Ab 1887 setzte er seine Studien in Berlin fort. In diesem Haus mietete er ein möbliertes Zimmer, das er jedoch nach zwei Monaten wieder aufgab, weil er sich von der Wirtin und ihrer unverheirateten Nichte allzusehr bedrängt fühlte. In der Novelle *Die Tänzerin* (auch unter dem Titel *Das Ballettmädchen*) sowie im *Deutschlandtagebuch* fanden die Berliner Erfahrungen ihren literarischen Niederschlag. Mori Ogai, der in seinem Werk europäische Erzähltraditionen mit denen seiner Heimat verband, gilt als einer der Begründer der modernen japanischen Literatur. Als Übersetzer (u. a. Goethes *Faust*) wurde er darüber hinaus zum Mittler zwischen den Kulturen. Im Hause befindet sich seit den 80er Jahren des 20. Jahrhunderts die Mori-Ogai-Gedenkstätte.

Gegenüber, Luisenstraße 18, steht das Dienstgebäude der Landesvertretung Sachsen-Anhalt. 1827/28 erbaut, gehört es zu den ältesten Häusern der Luisenstraße. Zu DDR-Zeiten war hier der Künstlerklub »Die Möwe« untergebracht. Im Seitenflügel hatte das Berliner Ensemble, bevor es das Theater am Schiffbauerdamm beziehen konnte, ein Büro. Die Luisenstraße führt über die Reinhardtstraße am Karlplatz vorbei.

⑫ Virchow-Denkmal
Karlplatz

Das Denkmal für den Mediziner und Politiker Rudolf Virchow (1821–1902) wurde 1910 enthüllt. Virchow,

der 1846 an die Charité als Prosektor berufen worden war, erkannte früh, daß mangelhafte soziale Bedingungen der epidemischen Ausbreitung von Krankheiten Vorschub leisteten. Mit seinen gründlichen wissenschaftlichen Untersuchungen auf diesem Gebiet legte er den Grundstein für die Sozialhygiene in Deutschland. Folgerichtig setzte er sich nicht nur als Mediziner, sondern auch als Politiker für notwendige Veränderungen ein. Berühmt wurden seine erbitterten Rededuelle mit Reichskanzler Bismarck.

In die Literatur eingegangen ist der Platz durch Bertolt Brechts Nachkriegsgedicht *Die Pappel vom Karlsplatz,* in welchem er sich bei den Anwohnern bedankt, daß sie mitten »in der Trümmerstadt Berlin« die Pappel, die »uns heute noch ihr grünes Blatt« zeigt, bewahrt haben.

Links vom Karlplatz beginnt die Charitéstraße, die auf die Schumannstraße und den Haupteingang der Charité mündet. In den 1710 ursprünglich als Pesthäuser errichteten Gebäuden wurden unter Friedrich Wilhelm I. ein Garnisonslazarett und eine Ausbildungsstätte für Militärwundärzte eingerichtet. 1727 erhielt das Lazarett den Namen Charité. Der schwungvolle Schriftzug des Königs bildet das Logo der medizinischen Einrichtung. 1810 zum Universitätsklinikum umfunktioniert, begann im 19. Jahrhundert der rasante Aufstieg der Ausbildungs- und Forschungsstätte. Rudolf Virchow, Ernst von Leyden oder Ferdinand Sauerbruch sind nur einige aus der Reihe bekannter Namen, die mit der Geschichte des Klinikums verbun-

den sind. An der Schumannstraße / Ecke Luisenstraße steht das Denkmal für Albrecht von Graefe (1818–1870). Er ist als Begründer der modernen Augenheilkunde in die Geschichte der Medizin eingegangen. Mit dem von Helmholtz erfundenen Augenspiegel gelang es ihm, Diagnosen und Behandlungsmethoden entscheidend zu verbessern.

Ehe wir wieder in die Luisenstraße einbiegen, statten wir dem östlichen Teil der Schumannstraße einen Besuch ab.

❸ Schauplatz von Erich Kästners *Emil und die Detektive* Schumannstraße 15

In dem Haus neben den Kammerspielen läßt Erich Kästner in seinem Kinderbuch *Emil und die Detektive* die Großmutter des Titelhelden wohnen. Erich Kästner (1899–1974) hatte sich 1927 in Berlin als Schriftsteller niedergelassen und wohnte im Westen der Stadt. Ähnlich wie Fontane siedelte er die Helden seiner Bücher in den verschiedensten Vierteln an. Kästner arbeitete damals für die *Weltbühne* und das *Berliner Tageblatt*. Mit seinen von ihm selbst als »Gebrauchslyrik« bezeichneten Gedichten, die ab Ende der 20er Jahre in mehreren Bänden erschienen und einen unverwechselbaren Ton in die Literatur einbrachten, wurde er rasch in Deutschland bekannt. Aufsehen erregte 1931 der zeitkritische Roman *Fabian,* in dem er das Scheitern eines Moralisten im Berlin der »Goldenen Zwanziger« schilderte.

❹ Deutsches Theater und Kammerspiele Schumannstraße 12–13 a

Hervorgegangen aus dem 1848 gegründeten Friedrich-Wilhelmstädtischen Theater, gehörte das Deutsche Theater seit Ende des 19. Jahrhunderts zu den renommiertesten Bühnen Berlins. Der erste bedeutende Intendant war der aus Hamburg gebürtige Otto Brahm (1856–1912). Nach Studium und Promotion hatte er sich 1878 in Berlin als Theaterkritiker niedergelassen. Zeitweilig war er neben Fontane als zweiter Kritiker an der *Vossischen Zeitung* tätig. 1889 zählte er zu den Mitbegründern des Vereins »Freie Volksbühne«, der dem Naturalismus, insbesondere Gerhart Hauptmann, ein Forum bot. 1894 übernahm er die Leitung des Deutschen Theaters, die er bis 1904 innehatte.

Brahm verpflichtete auch einen jungen Schauspieler, der seine Karriere in Salzburg begonnen hatte und der in den folgenden Jahrzehnten das Deutsche Theater zu einer weltweit geach-

Otto Brahm. Gemälde von Lesser Ury, 1900

Das Deutsche Theater und die Kammerspiele in der Schumannstraße, 1907

Max Reinhardt bei der Probe

teten Spielstätte machen sollte. Es war kein anderer als Max Reinhardt. Noch während seines Engagements am Deutschen Theater gründete er die Sezessionsbühne (1898), das Kabarett »Schall und Rauch« (1901) und das Kleine Theater Unter den Linden. Nachdem er sich von Brahm gelöst hatte und nach der sich anschließenden Tätigkeit am Neuen Theater (vgl. S. 62 f.) kaufte er 1905 das Deutsche Theater, ließ es umbauen und fügte die Kammerspiele hinzu. In letzteren zeigte er Werke zeitgenössischer Autoren wie Henrik Ibsen, August Strindberg oder Frank Wedekind. Im Deutschen Theater hingegen setzte er mit Klassikeraufführungen Maßstäbe in der damaligen Theaterkunst. Hitlers Machtergreifung beendete dieses glanzvolle Kapitel Berliner Theatergeschichte. Reinhardt emigrierte 1933 in die USA.

Nach dem Krieg begann unter Wolfgang Langhoff, der in den Konzentrationslagern Börgermoor und Lichtenburg inhaftiert gewesen und dem die Flucht in die Schweiz gelungen war, der Wiederaufbau des Theaters in der Schumannstraße. Langhoff ist der Verfasser des bekannten Liedes *Die Moorsoldaten*, das im KZ Börgermoor entstand und schon bald von den Häftlingen in anderen Konzentrationslagern gesungen wurde.

Das von Bertolt Brecht und Helene Weigel 1948 gegründete Berliner Ensemble hatte bis zum Umzug an den Schiffbauerdamm Gastrecht im Deutschen Theater.

Wir kehren zur Luisenstraße zurück und setzen unseren Weg in nördlicher Richtung fort.

⓯ Wohnung von Albert Lortzing Luisenstraße 53
In seinen beiden letzten Lebensjahren wohnte der Komponist Albert Lortzing (1801–1851) in diesem Haus. Er war 1849 in seine Vaterstadt Berlin zurückgekehrt, um eine Stelle als Kapellmeister am Friedrich-Wilhelmstädtischen Theater anzutreten. Da er seit seiner Kindheit im Ausland gelebt hatte, waren ihm inzwischen die preußischen Rechte aberkannt worden, so daß es großer Anstrengungen bedurfte, die Familie nach Berlin nachkommen zu lassen. Bald schon erwies sich die Tätigkeit am Theater um die Ecke in der Schumannstraße, in die er große Hoffnungen gesetzt hatte, als künstlerisch unbefriedigend und obendrein schlecht bezahlt. Obwohl er sich vertraglich ausbedungen hatte, auch eigene Stücke wie *Zar und Zimmermann* oder *Der Wildschütz* aufführen zu dürfen, bestand der Alltag darin, billigste Lustspiele und Possen auf die Bühne zu bringen. Das immense Arbeitspensum sowie die stete existentielle Not untergruben schließlich seine Gesundheit. Noch keine Fünfzig, starb er am 21. Januar 1851. Eine Gedenktafel am ersten Obergeschoß des Hauses erinnert an den Begründer der Volksoper.

Dem früheren Lehrgebäude der Tierarzneischule (Luisenstraße 56) gegenüber, auf dem heutigen Gelände der Charité, befand sich die

⓰ Ehemalige Unterkunft von Theodor Fontane Luisenstraße 12, heute Charité

Nach der Stelle am Krankenhaus Bethanien (vgl. S. 90 ff.) war Fontane im September 1849 arbeitslos geworden. Nochmals eine Anstellung als Apotheker anzunehmen kam für ihn nicht in Frage. Der 30jährige faßte den Entschluß, freier Schriftsteller zu werden. Bis zu diesem Zeitpunkt waren von ihm ein paar Gedichte in Zeitschriften und Anthologien erschienen. Für die liberale *Dresdner Zeitung* schrieb er Korrespondenzen, die jedoch schlecht und zögerlich bezahlt wurden. So mußten die wenigen Ersparnisse den Grundstock für die neue Existenz bilden. In dem Vorgängerhaus der Luisenstraße 12 fand er ein preiswertes Zimmer. Frau Mittelstädt, die Vermieterin, war Gattin eines kleinen Postbeamten.

»Nicht Leichtsinn oder Großmannssucht war für mich das Bestimmende, sondern einfach Zwang und Drang der Verhältnisse, nüchternstes Erwägen, und so nahm ich denn meine Siebensachen und übersiedelte nach einer in der Luisenstraße gemieteten, an einer hervorragend prosaischen Stelle gelegenen Wohnung, dicht neben mir die Charité, gegenüber die Tierarzneischule. Mein Dreitreppenhochzimmer hatte natürlich jenes bekannte Seegrassofa, dessen schwarzgeblümter und außerdem stachlicher Wollstoff nur deshalb nicht mehr stach, weil schon so viele drauf gelegen hatten. Die Wirtin war ein Mustertyp der damaligen Berliner Philöse: blaß, kränk-lich, schmuddlig und verhungert. Über mir, auf dem Boden, war noch eine Mansardenstube, drin ganz arme Leute wohnten, die, wenn ich arbeiten wollte, gerade ihr Holz spellten, um aus einem Scheit ein Dutzend zu machen. Es waren aber gute Menschen, denn als ich ihnen sagte, ›das Holzspellen führe mir immer so in den Kopf‹, ließen sie's, ein Fall, den ich, als einzig dastehend in meinen Berliner Mietserfahrungen, hier doch notieren muß. Der richtige Berliner klopft dann erst recht.«

In dieser Zeit gelang es Fontane, im renommierten Cotta Verlag, der das Werk Goethes betreute, einige seiner Balladen unterzubringen. Sie erschienen im hauseigenen *Morgenblatt*. Zur Veröffentlichung eines Buches kam es allerdings nicht.

Ein knappes Jahr verbrachte er in der Luisenstraße. Dann schloß er sich im Sommer 1850 der um Schleswig-Holstein kämpfenden Armee an, kehrte aber, ohne zum Einsatz gekommen zu sein, kurz darauf nach Berlin zurück, um die Stelle im »Literarischen Kabinett« anzutreten (vgl. S. 158 f.).

Hinter dem Lehrgebäude der Tierarzneischule gehen wir an dem ehemaligen Kaiserlichen Reichsgesundheitsamt (Luisenstraße 57) vorbei, dessen bakteriologische Abteilung von Robert Koch (1843–1910) geleitet wurde. In diesem Gebäude waren sein Laboratorium und seine Wohnung untergebracht. Im Gebäude Luisenstraße 58/59 hatte 1949–76 die Volkskammer der DDR ihren Sitz. Wir kommen nun zur Philippstraße, die durch die Zerstörungen im Zweiten

Weltkrieg und den Bau des Charité-Hochhauses völlig verändert wurde.

❶❼ Ehemalige Unterkunft von Max Stirner
Philippstraße

Hier wohnte Ende der 40er Jahre des 19. Jahrhunderts der Journalist und Philosoph Max Stirner (1806–1856). Zu dessen Freundeskreis, den »Sieben Weisen des Hippelschen Kellers«, stand in vormärzlichen Zeiten Fontane in lockerer Verbindung. 1845 erschien Stirners Schrift *Der Einzige und sein Eigentum,* in der er die theoretischen Grundlagen des Anarchismus entwickelte. Zunächst auf den Index gesetzt, wurde das Buch nach einigem Hin und Her doch zugelassen. Die Zensurbehörde vertraute darauf, daß sich die ihrer Meinung nach wirren Ideen selbst ad absurdum führen würden. Es kam anders. Das Buch, in dem vehement das Recht des einzelnen gegenüber dem Staat eingefordert wurde, fand in ganz Europa ein Echo und machte seinen Verfasser schnell bekannt. An dessen bedrückender finanzieller Situation änderte sich jedoch nichts. Wiederholt landete er, der eigentlich Kaspar Schmidt hieß und wegen seiner hohen Stirn von den Freunden »Stirner« genannt wurde, im Schuldgefängnis.

An der nördlichen Seite der Philippstraße befindet sich das Chirurgische Zentrum der Charité, das 1976–82 errichtet wurde. Durch einen Straßenübergang ist das Hochhaus mit dem alten Charitégelände verbunden.

❶❽ Ehemalige Wohnung von Theodor Hosemann
Luisenstraße 67

An der zum Robert-Koch-Platz gewandten Seite des heutigen Chirurgischen Zentrums der Charité stand das Haus, in dem der Maler und Zeichner Theodor Hosemann (1807–1875) jahrzehntelang, bis zu seinem Tod, wohnte. Er wurde vor allem durch seine Zusammenarbeit mit dem Schriftsteller Adolf Glaßbrenner populär, zu dessen satirisch-humoristischem Almanach *Berlin wie es ist – und trinkt* er die Illustrationen schuf. 1857 wurde er zum Professor ernannt und 1860 in die Akademie der Künste aufgenommen. Einer seiner späteren Schüler war Heinrich Zille. Wie Fontane gehörte Hosemann zu den »Tunnelianern«.

Theodor Hosemann.
Selbstbildnis, um 1850

Wir überqueren den Robert-Koch-Platz, an dessen rechter Seite das Denkmal für Robert Koch steht. An der linken Seite des Platzes wird der Chemiker und Nobelpreisträger Emil Fischer (1852–1919) mit einem Denkmal geehrt. Zur Randbebauung des Platzes gehört das ehemalige Kaiserin-Friedrich-Haus (Robert-Koch-Platz 7), das als ärztliche Fortbildungsstätte errichtet worden war und seit DDR-Zeiten nach wie vor von der Akademie der Künste genutzt wird. An dem sich anschließenden Platz vor dem Neuen Tor hat die Bundeszentrale Bündnis 90/Die Grünen ihren Sitz.

Damit sind wir an der Invalidenstraße angekommen, die ihren Namen dem unter König Friedrich II. angelegten Invalidenhaus verdankt. Sie lag bis 1867 vor den Toren der Stadt. An ihrer Nordseite befinden sich das Bundesministerium für Verkehrs-, Bau und Wohnungswesen sowie das Museum für Naturkunde (Nr. 42–44). Die Gebäude wurden in den 70er Jahren des 19. Jahrhunderts auf dem Gelände der 1873 geschlossenen Königlichen Eisengießerei errichtet.

⓳ Schauplatz der Erzählung *Stine* Invalidenstraße

Wieder einmal nicht weit von der Gegend, in der er selbst gewohnt hatte, siedelte Fontane die Hauptfiguren der 1890 im Verlag seines Sohnes Friedrich erschienenen Erzählung *Stine* an.

»In der Invalidenstraße sah es aus wie gewöhnlich: die Pferdebahnwagen klingelten, und die Maschinenarbeiter gingen zu Mittag, und wer durchaus was Merkwürdiges hätte finden wollen, hätte nichts anderes auskundschaften können, als daß in Nummer 98e die Fenster der ersten Etage – trotzdem nicht Ostern und nicht Pfingsten und nicht einmal Sonnabend war – mit einer Art Bravour geputzt wurden.

Und nicht zu glauben, diese Merkwürdigkeit ward auch wirklich bemerkt, und die schräg gegenüber an der Scharnhorststraßen-Ecke wohnende alte Lierschen brummelte vor sich hin: ›Ich weiß nich, was der Pittelkown wieder einfällt. Aber sie kehrt sich an nichts. Un was ihre Schwester is, die Stine, mit ihrem Stübeken oben bei Polzins un ihren Sep'ratschlüssel, daß keiner was merkt, na, die wird grad ebenso. Wie sie man bloß wieder da steht und rakscht und rabatscht! Und wenn es noch Abend wär, aber am hellen, lichten Mittag, wo Borsig und Schwarzkoppen seine grade die Straße runterkommen. Is doch wahrhaftig, als ob alles Mannsvolk nach ihr raufkucken soll: 'ne Sünd und 'ne Schand.‹«

Die junge Witwe Pauline Pittelkow bereitet eine kleine Abendgesellschaft vor. Angesagt haben sich Baron Papageno und der bejahrte Graf Haldern, der ein Verhältnis zu ihr unterhält. Im Gefolge Halderns erscheint auch sein Neffe Waldemar. Pauline bittet zu der Runde ihre Freundin, die Schauspielerin Wanda Grützmacher, sowie ihre jüngere Schwester, Stine Rehbein, hinzu. Graf Waldemar verliebt sich an diesem Abend in Stine und will sie schließlich heiraten. Doch die Verbin-

Die Invalidenstraße am Neuen Tor, um 1910

dung ist nicht standesgemäß und endet für beide verhängnisvoll.

Anhand der Wohnadressen zeigt Fontane abermals die Standesunterschiede seiner Helden auf. Während er Graf Waldemar In den Zelten, einer vornehmen Straße im Tiergarten, wohnen läßt, werden Pauline Pittelkow und ihre Schwester Stine in der proletarischen Invalidenstraße angesiedelt. Das Gebiet nahe der Chausseestraße war seit Anfang des 19. Jahrhunderts ein bevorzugter Industriestandort. Hier befanden sich die Eisengießereien und Maschinenbauanstalten von Egells, Borsig, Wöhlert, Pflug und Schwartzkopff. Wegen der beständig rauchenden Schlote hieß das Viertel im Berliner Volksmund »Feuerland«.

Die Invalidenstraße führt uns nun in *östlicher Richtung zur Chausseestraße. An der Kreuzung biegen wir nach rechts, um zum Brecht-Haus und dem Dorotheenstädtischen Friedhof zu gelangen.*

⑳ Brecht-Haus
Chausseestraße 125

In das aus dem frühen 19. Jahrhundert stammende Haus zogen im Oktober 1953 Bertolt Brecht und Helene Weigel (1900–1971). Sie hatten ihre Wohnung in der Berliner Allee in Weißensee aufgegeben, um dem Deutschen Theater näher zu sein. Brecht bewohnte drei Zimmer in der ersten Etage des Hintergebäudes, seine Frau die Räumlichkeiten darüber. Hier entwarf Brecht mit den Mitarbeiterinnen

Bertolt Brecht,
um 1950

und Mitarbeitern die Aufführungs-
konzepte seiner Stücke. »Seit ich dem
Theater soviel näher wohne, habe ich
meine jungen Leute noch öfter auf
dem Hals, sie kommen in Raben-
schwärmen, aber Sie wissen, ich bin
dafür«, schrieb er an seinen Verleger
Peter Suhrkamp. Knapp drei Jahre nur
hat Brecht in dem Haus verbringen
können. Er starb am 14. August 1956

und wurde auf dem benachbarten
Dorotheenstädtischen Friedhof beigesetzt.

Nach dem Tod ihres Mannes stellte
Helene Weigel die Räumlichkeiten für
das von ihr mitbegründete Bertolt-
Brecht-Archiv zur Verfügung. 1992 erwarb das Land Berlin den Nachlaß,
der heute von der Stiftung der Akademie der Künste betreut wird. Schon
seit 1978 dienen Vorder- und Hinter-
haus als Brecht-Weigel-Gedenkstätte.
Außerdem sind hier die Erbengemein-
schaft Brechts und das »Literaturfo-
rum« untergebracht, das mit Ausstellungen, Lesungen und Veranstaltungen aufwartet. Alljährlich im Februar
finden die »Brecht-Tage« statt. Das
Kellerrestaurant bietet Speisen nach
Rezepten der gebürtigen Wienerin Helene Weigel an.

Unmittelbar neben dem Brecht-Haus
liegt der Friedhof der Dorotheenstäd-
tischen Gemeinde.

㉑ Dorotheenstädtischer
Friedhof
Chausseestraße 126
1762 angelegt, gehörte dieser Friedhof
ursprünglich zu einem Komplex von
insgesamt fünf Begräbnisstätten, von
denen noch der Friedhof der Französisch-Reformierten Gemeinde (Chausseestraße 127) besteht. Auf letzterem
sind die Grabmale des Zeichners Daniel Chodowiecki sowie des Schau-
spielers Ludwig Devrient zu entdek-
ken.

Der Dorotheenstädtische Friedhof
wird gern als Berliner »Père Lachaise«
bezeichnet, haben doch auf ihm seit

dem frühen 19. Jahrhundert bis in unsere Zeit zahlreiche Dichter und Gelehrte, Künstler und Musiker, Industrielle und Politiker ihre letzte Ruhestätte gefunden. Die Liste der Namen reicht von August Borsig und Peter Beuth über Johann Gottlieb Fichte und Georg Wilhelm Friedrich Hegel bis zu Johann Gottfried Schadow und Karl Friedrich Schinkel. Aus jüngerer und jüngster Zeit finden sich die Grabstätten von Erich Arendt, Johannes R. Becher, Thomas Brasch, Bertolt Brecht und Helene Weigel, Arnolt Bronnen, Paul Dessau und Ruth Berghaus, Hanns Eisler, John Heartfield und Wieland Herzfelde, Wolfgang Langhoff, Heinrich Mann, Hans Mayer, Heiner Müller, Anna Seghers, Bodo Uhse und Arnold Zweig.

Fontane hat der einst »kirchhofreichen Gegend« in *Stine* ein literarisches Denkmal gesetzt. Die halbwüchsige Tochter der Witwe Pittelkow wird bei einem Botengang von einem Trauerzug in der Chausseestraße aufgehalten: »Olga, weitab davon, irgendwelchen Anstoß an dieser Wegestörung zu nehmen, wünschte ganz im Gegenteil, dieselbe so lange wie möglich andauern zu sehen, und stellte sich, besseren Überblicks halber, auf eine vor einem Öl- und Spiritusgeschäft angebrachte Steintreppe. Der Wagen mit dem Sarge war schon eine Weile vorüber, so daß sie nur noch das versilberte Kreuz über einem Meer von schwarzen Hüten hin und her schwanken sah. Kutschen fehlten im Zuge (so wenigstens schien es), dafür aber folgten allerlei Baugewerke mit Bannern und Musik, und während noch aus der Ferne her der

Helene Weigel in Brechts Arbeitszimmer in der Chausseestraße, 1954

Trauermarsch der Zimmerleute bis weit nach rückwärts tönte, klang schon aus der Mitte des Zuges und vom Oranienburger Tor her ein zweiter und dritter Trauermarsch herauf, so daß Olga nicht wußte, worauf sie hören und welchem Geblase sie den Vorzug geben sollte. Neben dem eigentlichen Gefolge drängten breite Volksmassen mit vorwärts und ließen nur allemal eine schmale Gasse frei, wenn reitende Schutzleute von der Queue her bis an die Spitze des Zuges und dann wieder zurücksprengten. ›Wer es nur is?‹ dachte Olga, in deren Herzen etwas wie Neid aufkeimte, so schön begraben zu werden…«

Nachdem der Trauerzug vorübergezogen ist, setzt Olga ihren Weg fort und sucht die Schauspielerin Wanda Grützmacher in der nahen Tieckstraße auf. Der Freundin ihrer Mutter soll sie einen Brief übergeben.

Wir hingegen gehen am ehemaligen Verwaltungsgebäude der Firma Borsig vorbei und kehren in Richtung Invalidenstraße zurück. Hinter der U-Bahnstation Zinnowitzer Straße zweigt die gleichnamige Straße ab. Hier betrieb Ernst Schering seit 1851 die »Grüne Apotheke«. Sie bildete die Keimzelle des späteren chemischen Großunternehmens.

Nachdem wir das ehemalige »Volkskaffeehaus«(Chausseestraße 105) und das »Ballhaus Berlin«, eines der traditionellen Berliner Tanz- und Vergnügungsetablissements, passiert haben, gelangen wir zur Chausseestraße / Ecke Habersaathstraße. Seit 1951 trägt die in den 80er Jahren des 19. Jahrhunderts angelegte frühere Kesselstraße den Namen Habersaathstraße nach dem Spartakisten Erich Habersaath, der 1918, zu Beginn der Novemberrevolution, am Kasernentor erschossen wurde.

㉒ Ehemalige Kaserne des Garde-Füsilier-Regiments Chausseestraße / Ecke Habersaathstraße, früher Kesselstraße, heute Golfplatz

Die Kaserne des Garde-Füsilier-Regiments, die »Maikäferkaserne«, wie sie im Volksmund hieß, stand auf dem heute unbebauten nördlichen Eckgelände. Einer Abteilung ebendieser Garde-Füsiliere hatte sich 1906 der Schuster Wilhelm Voigt bemächtigt, um das Köpenicker Rathaus zu besetzen. Statt eines Passes, den er sich besorgen wollte, fiel ihm die Gemeindekasse in die Hände.

Über den preußischen Obrigkeitsstaat, den der *Hauptmann von Köpenick* düpiert hatte, lachte die ganze Welt.

Bei den »Maikäfern« absolvierte der gebürtige Hamburger Hans Leip (1893–1983) zu Beginn des Ersten Weltkriegs einen Offizierslehrgang. An einem regnerischen Aprilabend 1915, als er Wachdienst hatte, wartete vor dem Kasernentor die Braut eines Kameraden. Das Bild der jungen Frau vor Augen und an die eigene Freundin denkend, schrieb er einen Text, der 1940 vertont wurde. Unter dem Titel *Lili Marleen* gehörte das Lied zu den meistgespielten des Zweiten Weltkriegs.

Anläßlich der Weltfestspiele der Jugend und Sportler entstand 1953 auf dem zerstörten Kasernenareal das »Walter-Ulbricht-Stadion« und später »Stadion der Weltjugend«. In den 90er Jahren abgerissen, haben sich inzwischen Berlins Hobbygolfer der bis zur

Kaserne des Garde-Füsilier-Regiments (li.) an der Chausseestraße, um 1910. Li. die Kesselstraße

Höhe Wöhlertstraße reichenden Stadtbrache bemächtigt.

❷❸ Ehemalige Unterkunft von Heinrich Seidel
Kesselstraße,
heute Habersaathstraße

In einem heute nicht mehr feststellbaren Haus an der Kesselstraße mietete der 26jährige Ingenieur Heinrich Seidel (1842–1906) 1868 zwei möblierte Zimmer, die er wegen der Annäherungsversuche seiner Vermieterin jedoch zwei Monate später wieder aufgab. In der nahen Wöhlertschen Maschinenbauanstalt hatte der Absolvent der Berliner Gewerbeakademie seine erste Stelle. 1872 kam er zum Neubau-

büro der Berlin-Anhalter Bahn und trug hier u. a. die Verantwortung für das Hallendach des Anhalter Bahnhofs. Mit einer Spannbreite von 62,5 Metern wurde es die größte freitragende Hallenkonstruktion Europas. Der Techniker wurde von seinem Lehrer Friedrich Eggers, dem Freund Fontanes, in den »Tunnel über der Spree« eingeführt. Später hängte Seidel den Ingenieursberuf an den Nagel, um sich ganz dem Schreiben widmen zu können. Der Berlin-Roman *Leberecht Hühnchen*, der 1882 erschien, wurde einer seiner größten literarischen Erfolge.
Wir gehen am Golfgelände bis zur Wöhlertstraße entlang.

㉔ Ehemalige Wohnung von George Grosz Wöhlertstraße

Um die Jahrhundertwende verbrachte George Grosz (1893–1959) als Kind ein »düsteres Jahr in Berlin in einer Wohnung im Norden in der Wöhlertstraße«. Mit Näharbeiten und der Vermietung von Zimmern versuchte seine Mutter, die Witwe geworden war, die Familie über Wasser zu halten. In seinen *Jugenderinnerungen* hielt der Künstler, der eigentlich Georg Ehrenfried Groß hieß, diese Zeit mit einiger Bitterkeit fest. Nach dem Zweiten Weltkrieg mehrfach in Deutschland zu Besuch, kehrte er 1959 in seine Geburtsstadt Berlin zurück, wo er kurze Zeit darauf unerwartet starb.

An der Wöhlertstraße befand sich seit 1961 der Grenzübergang Chausseestraße. Heute weist darauf nur noch eine an der Ecke zur Liesenstraße in den Boden eingelassene Tafel hin, die den Mauerverlauf markiert.

George Grosz, um 1920

㉕ Ehemalige Sommerwohnung von August Fontane Liesenstraße

Nahe der 1833 angelegten Liesenstraße betrieb der Gastwirt Adolf Liese ein Ausflugslokal, in dem auch Sommerwohnungen zur Verfügung standen. Unbeheizbar und bescheiden ausgestattet, strapazierten sie den Geldbeutel der stadtmüden Berliner nicht über Gebühr. Pfingsten 1835 entschlossen sich »Onkel August« und »Tante Pinchen«, Räume im Lieseschen Hause zu mieten. Für ihren Neffen verlängerte sich damit der allmor-

gendliche Schulweg zur Niederwallstraße auf rund eine Stunde. Schon bald begann er, den Unterricht zu schwänzen. Zunächst nur stundenweise, dann, dreister geworden, trieb er sich »halbe Wochen lang in und außerhalb der Stadt« herum. Einer seiner Anlaufpunkte wurde das Café Anthieny in der Alten Schönhauser Straße / Ecke Weinmeisterstraße.

»Überblick' ich noch einmal jene vormittags im Grunewald und nachmittags bei Anthieny verbrachten Tage, Tage, die nicht bloß Bummeltage, sondern auch Tage voll Lug und Trug waren, so schreck' ich bei diesem Rückblick einigermaßen zusammen, ähnlich jenem ›Reiter über den Bodensee‹, dem sein fährlicher Ritt erst klar

wurde, nachdem alle Gefahr hinter ihm lag. Ich erschrecke davor, sag' ich, und bitte meine jungen Leser, es mir nicht nachmachen zu wollen. Eine Gefahr war es, und sie läuft nicht immer so gnädig ab. Aber nachdem ich der Gefahr nun mal entronnen, sprech' ich, aller Unrechtserkenntnis zum Trotz, doch auch wieder meine Freude darüber aus, der Schule dies Schnippchen geschlagen und meine *Wanderungen durch die Mark Brandenburg* lange vor ihrem legitimen Beginn schon damals begonnen zu haben.«
Wenige Schritte weiter kommen wir zum

❷❻ Friedhof der Französisch-Reformierten Gemeinde II Liesenstraße 7

In den 30er Jahren des 19. Jahrhunderts wurden an der Südseite der Liesenstraße drei Friedhöfe eingerichtet. Dazu zählen der evangelische Domfriedhof, der Domfriedhof der Katholischen St. Hedwigs-Gemeinde und der Friedhof der Französisch-Reformierten Gemeinde. An der nördlichen Straßenseite entstand außerdem der Neue Dorotheenstädtische Friedhof, der nach dem Mauerbau zum Westteil der Stadt gehörte. Die drei anderen Friedhöfe lagen im Grenzgebiet und waren bis Mitte der 80er Jahre für die Öffentlichkeit nicht zugänglich. Wer das Grab eines Angehörigen zu pflegen hatte, mußte eine »Grabkarte« beantragen. Sie berechtigte zum Betreten des Friedhofsgeländes durch den Hintereingang an der Wöhlertstraße. Erst nach der Veröffentlichung von Heinz

Knoblochs hindernisreicher *Wanderung zu Fontanes Grab* sahen sich die DDR-Oberen genötigt, eine akzeptable Besucherregelung zu schaffen. Unwiederbringlich verloren sind einige der kulturhistorisch wertvollen Grabanlagen, die sich im unmittelbaren Grenzstreifen befanden. Zum Grab Fontanes weisen Schilder den Weg.

Über den Tod seines Vaters, am 20. September 1898, berichtet Friedrich Fontane: »Als ich am selben Abend – Gottseidank! Ausnahmsweise früh – heimkehrte, steckte ein Zettel an der Korridortür. Und beim Flackern eines Fünfminutenbrenners entzifferte ich die Worte meiner Schwester: ›Komm sofort zu uns!‹ – Ich ahnte, ich wußte, es war etwas passiert. Schnell hinunter, und, in die nächste Droschke springend, hielten wir schon nach wenigen Minuten vor dem alten Johanniterhause. Ich kam zu spät. Noch vor kaum zwei Stunden hatte er die paar Häppchen, die er sich auf seinem Zimmer servieren ließ, – um nicht etwaigen Anfechtungen bei der Familien-

Die Gräber von Theodor Fontane und Emilie Fontane

tafel ausgesetzt zu sein (›alte Leute sollten abends lieber überhaupt nichts essen‹) – in Gesellschaft der Tochter mit gutem Appetit verzehrt. Dann begab er sich in den angrenzenden, schon seit Jahren zum Eßzimmer umgewandelten Alkoven, um, wie üblich, dem alten Merckelschen Schrank noch ein Verdauungsgläschen des so geschätzten Gilka zu entnehmen. Die Tür war angelehnt geblieben. Nichts regte sich. Nach einiger Zeit, als er immer noch nicht zurückkehrte, wurde die Tochter unruhig. Sie ging durch den Alkoven und den dahintergelegenen Schlafraum – das ehemalige Berliner Zimmer – in die Küche. ›Anna, ist der Herr etwa draußen?‹ fragte sie. ›Nein, hier ist er nicht gewesen.‹ Sie traten beide hinter den Bettschirm. Und da fanden sie ihn. Lautlos lag er über seine eigene Lagerstätte gebeugt. Ohne Todeskampf war er dahingegangen. ›So war der Tod gekommen, wie Zieten aus dem Busch!‹ ›Um neun ist alles vorbei!‹ – Wie oft hatte er diese Worte gesprochen! Die Stunde war gekommen. Und nicht lange darauf rundete sich die Stunde. Die alte Uhr, ein Erbstück seit Generationen, holte wieder einmal zu neun zögernden Schlägen aus. Der oft gehegte Wunsch, bei ihrem Ticktack, wie schon Vater und Großvater, zu sterben, war auch für Fontane in Erfüllung gegangen. Um neun war alles vorbei.« Die Diagnose lautete: Herzschlag. Vier Tage später, an einem Sonnabend, fand die Beisetzung statt. Pfarrer Eugène Devarenne und Kritikerkollege Karl Frenzel von der *National-Zeitung* sprachen gedenkende Worte. Emilie Fontane war von der Todesnachricht in Schlesien überrascht worden, wo sie zu Besuch bei Freunden weilte. Sie starb am 16. Februar 1902 und wurde an seiner Seite beigesetzt. Das Französische Konsistorium ließ 1946 den noch während der letzten Kriegstage zerstörten Doppelstein durch ein neues Grabmal ersetzen. *Wir kehren zur Chausseestraße zurück und können von der Station Schwartzkopffstraße aus die U-Bahn benutzen.*

Die Leipziger Straße

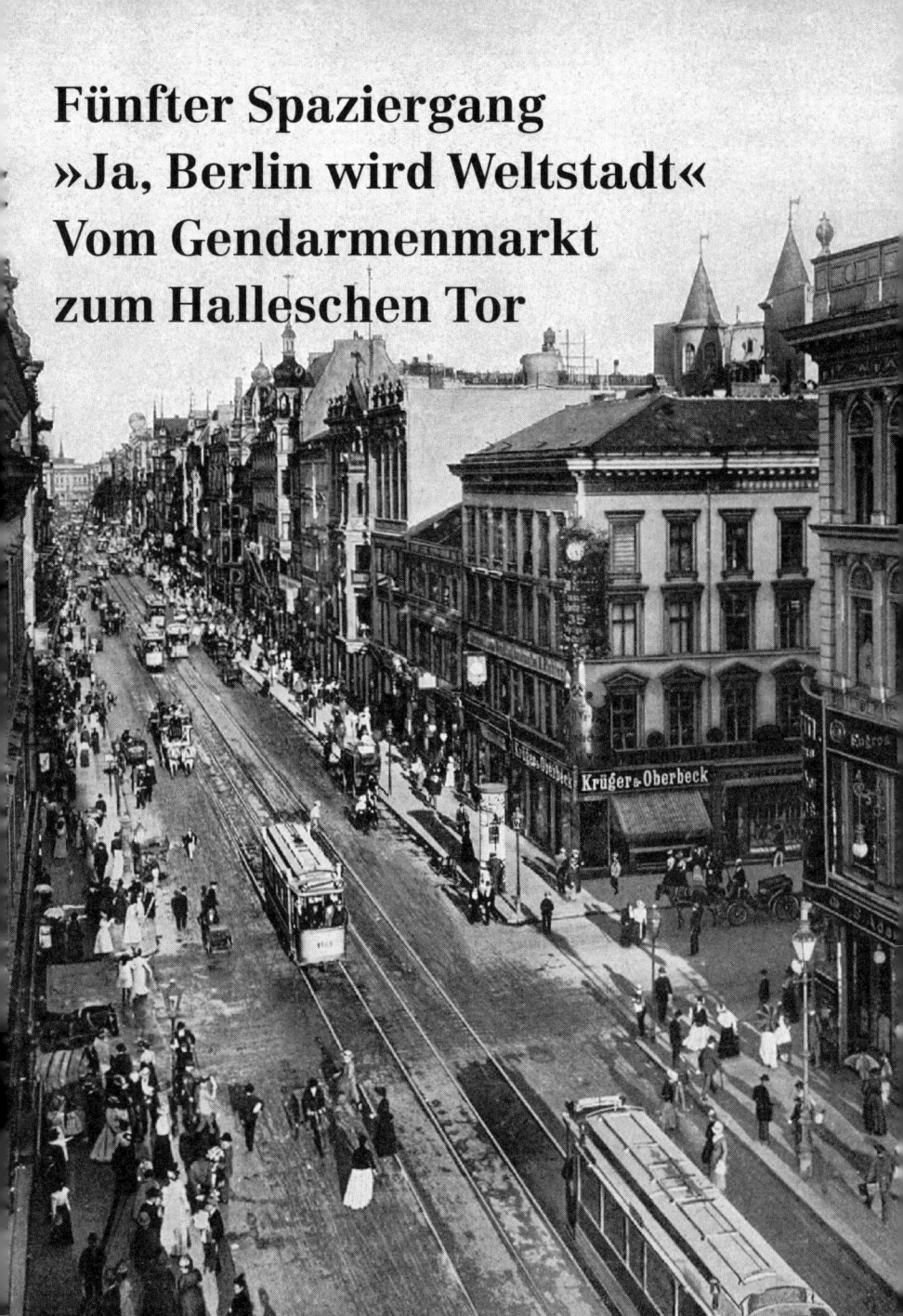

Fünfter Spaziergang
»Ja, Berlin wird Weltstadt«
Vom Gendarmenmarkt
zum Halleschen Tor

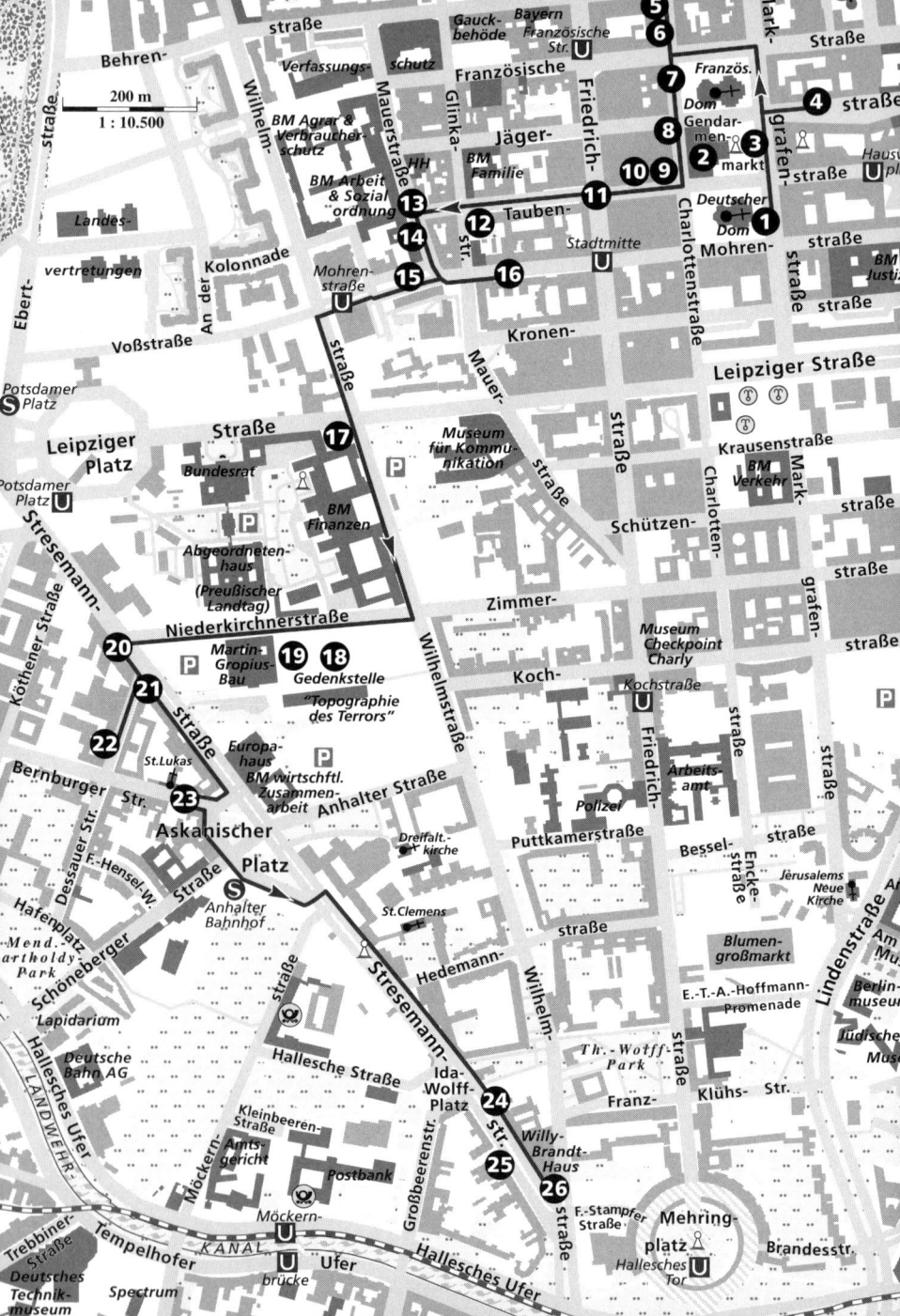

Am Gendarmenmarkt, der seinen Namen von dem im 18. Jahrhundert im Viertel stationierten Regiment Gens d'Armes erhielt, starten wir zu unserem nächsten Spaziergang. In den Blick rücken Fontanes Jahre als Journalist und als Theaterkritiker. Die Stadtviertel, durch die uns der Weg führt, machte Fontane zur Szenerie mehrerer Erzählungen und Romane, darunter »Schach von Wuthenow« und »Effi Briest«.

❶ Deutscher Dom und Französischer Dom Gendarmenmarkt

Die Deutsche Kirche entstand 1801–1808. Vom später erbauten Turm mit seiner Kuppel (franz. *dôme*) kam sowohl für die Deutsche als auch für die Französische Kirche die Bezeichnung »Dom« auf. Bischofskirchen waren beide jedoch nie. Vor dem Deutschen Dom fand am 22. März 1848 die Aufbahrung der Märzgefallenen statt. Adolph Menzel hielt das Ereignis in einem Gemälde fest. Der Dom beherbergt heute die ständige Ausstellung *Fragen an die deutsche Geschichte*.

Das Gotteshaus für die Französische Gemeinde wurde 1705 fertiggestellt.

Adolph Menzel, *Die Aufbahrung der Märzgefallenen,* 1848. Gemälde

Im Innern des Turms, der das Pendant zur Deutschen Kirche bildet, richtete die Französische Gemeinde in den 20er Jahren das Hugenottenmuseum ein. Neben Gottesdiensten der Friedrichstädtischen Gemeinde finden hier seit 1983 auch Konzerte und Ausstellungen statt.

❷ Ehemaliges Königliches Schauspielhaus, heute Konzerthaus Gendarmenmarkt

Flankiert von den beiden Kirchen, stellt das 1821 eröffnete Königliche Schauspielhaus, das heutige Konzerthaus, einen weiteren architektonischen Glanzpunkt dar. Brände hatten an dieser Stelle zuerst das Französische Komödienhaus und später auch das Nationaltheater vernichtet. Nach Schinkels Plänen entstand ab 1818 das neue Theater. Es zählt zu den Meisterwerken des preußischen Baumeisters.

Im Königlichen Schauspielhaus fanden 1848 die Versammlungen der Wahlmänner für die preußischen Landtagswahlen statt. Fontane, der im Mai als Wahlmann seines Viertels am Georgenkirchplatz aufgestellt worden war, nahm an den Sitzungen teil. Nach eigenem Bekunden blieb diese Tätigkeit jedoch sein »erstes und letztes Auftreten als Politiker«.

»Und dann, ich glaube, es war an demselben Tage, schritt der alte Jacob Grimm auf das Podium zu, der wundervolle Charakterkopf – ähnlich wie der Kopf Mommsens sich dem Gedächtnis einprägend – von langem, schneeweißen Haar umleuchtet, und sprach irgendetwas von Deutschland, etwas ganz Allgemeines, das ihm, in jeder richtigen politischen Versammlung, den Ruf ›Zur Sache‹ eingetragen haben würde. Dieser Ruf unterblieb aber, denn jeder war betroffen und gerührt von dem Anblick und fühlte, wie weitab das alles auch liegen mochte, daß man ihm folgen müsse, wollend oder nicht.«

Dem Schauspielhaus hingegen sollte noch eine andere Bedeutung in Fontanes Leben zukommen. Als Theaterkritiker der *Vossischen Zeitung* berichtete er ab 1870 regelmäßig über die Aufführungen des Hauses. Abonniert war er auf den Parkettplatz 23.

»Schon eine merkwürdige Zahl. In überfüllten Hotels bin ich fast immer in Nummer 23 untergebracht worden und habe da Schreckliches erlebt. Das kann ich nun von Nummer 23 im Schauspielhaus nicht eigentlich sagen, ich habe da viel angenehme Stunden zugebracht, aber ein merkwürdiger Platz war es doch auch. Es war nämlich kein eigentlicher Parkettplatz, sondern nur ein Annex, ein Vorposten, ein ausgebautes Fort, man könnte auch sagen ein Sperrfort, und wuchs, ganz in die scharfe Ecke zwischen Prozeniums- und Parkettlogen hineingebaut, von dieser Ecke her in den Parkettumgang vor. Knierempeleien waren also was ganz Alltägliches. Das Häßlichste war die Abgesondertheit. Wer eine hohe Meinung von sich hatte, der konnte sich beglückt fühlen, hier ein Gegenstand der Aufmerksamkeit zu sein. Wer dieses Gefühls entbehrte, für den war es peinlich. Für den Eitlen

**Gendarmenmarkt, von Südosten gesehen, 1909. Vorn der Deutsche Dom,
dahinter das Königliche Schauspielhaus und der Französische Dom**

war Nummer 23 ein kurulischer Stuhl, für den weniger Eitlen ein Armesünderbänkchen.«
Von Ludwig Anzengruber bis Ernst Wildenbruch hat Fontane alles besprochen, was an Gegenwartsdramatik im Königlichen Schauspielhaus gezeigt wurde. Dazu zahllose Klassikeraufführungen: Goethe, Schiller, Kleist. Immer wieder Shakespeare, den Fontane freilich auf den Berliner Bühnen nicht gut aufgehoben fand. Der »schwarzen Realisten-Bande« um Gerhart Hauptmann galt im Alter sein Interesse. Nach wichtigen Vorstellun-

gen eilte er anschließend in die Redaktion der *Vossischen Zeitung,* Breite Straße, um noch in der Nacht einen Vorbericht zu verfassen. Die ausführliche Stellungnahme formulierte er anderntags am häuslichen Schreibtisch. Während der Theatersaison war er teilweise zwei- bis dreimal wöchentlich für die »Vossin« unterwegs. Die zwischen 1870 und 1894 geschriebenen Kritiken füllen mehrere Bände.
Mochte er diese Tätigkeit zunächst vorrangig als Broterwerb angesehen haben, so wurde sie ihm bald zur Leidenschaft. Eine akademische Vorbil-

dung für den Beruf besaß er nicht. Das Rüstzeug des Theaterkritikers mußte er sich nach und nach erwerben. Zwischen den frühen Urteilen, die er in die weniger angreifbare Wir-Form kleidete, und dem selbstbewußt ausgesprochenen Ich der späteren Rezensionen lagen Jahre harter Arbeit. »Jedes Kunstwerk kann verlangen, mit seinem Maße gemessen zu werden«, war einer der Grundsätze, die er sich zeitig zu eigen gemacht hatte. Auf ein Lustspiel sah er nicht von der Höhe einer Shakespeare-Komödie herab, sondern bemaß es nach dem, was es zu leisten beabsichtigte. Von daher blitzt selbst in den Verrissen noch Respekt für Autor und Schauspieler auf. Ärger und Mißverständnisse blieben dennoch nicht aus. »Denn man bilde sich nur nicht ein, daß ein Theaterkritiker ein Richter ist, viel öfter ist er ein Angeklagter. ›Da sitzt das Scheusal wieder‹, habe ich sehr oft auf den Gesichtern gelesen.«
Vor dem Konzerthaus steht das

❸ Schillerdenkmal
Gendarmenmarkt
»Noch leb ich. Noch geh ich ein und aus/Hinter Schillers Rücken im Schauspielhaus«, heißt es in einem unvollendet gebliebenen Gedicht Fontanes. Ehe es 1871 überhaupt zur Enthüllung des Denkmals gekommen war, mußten jahrzehntelang Widerstände ausgeräumt werden. Bei seinem Berlin-Besuch im Mai 1804 hatte Friedrich Schiller (1759–1805) begeisterte Aufnahme gefunden und daraufhin die Übersiedlung von Weimar in die preu-

ßische Hauptstadt erwogen. August Wilhelm Iffland, der Direktor des Schauspielhauses, die Akademie der Künste und sogar der Königliche Hof unterstützten das Vorhaben. Die rapide Verschlechterung von Schillers Gesundheitszustand vereitelte jedoch alle derartigen Pläne. Die Nachricht von seinem Tod löste in Berlin große Trauer aus. Bald schon wurde der Ruf nach einem Denkmal laut. Pünktlich zum 100. Geburtstag am 10. November 1859 fand die Grundsteinlegung auf dem Gendarmenmarkt statt. Und dabei blieb es. Ein Streit lähmte die weiteren Aktivitäten. Erst 1871 konnte das von Reinhold Begas geschaffene Marmorstandbild endlich enthüllt werden. 1935 demontiert, befindet es sich seit 1988 wieder an seinem ursprünglichen Standort.
Wir gehen über die Markgrafenstraße, die die Ostseite des Gendarmenmarkts begrenzt, ein paar Schritte in die Jägerstraße hinein. An der Ecke hat die Berlin-Brandenburgische Akademie der Wissenschaften ihren Sitz. In dem 1904 errichteten Gebäude residierte früher die Preußische Staatsbank. Nach dem Zweiten Weltkrieg fand die Akademie der Wissenschaften (Ost) hier ihr Domizil. Zum 250jährigen Bestehen erhielt der Gendarmenmarkt 1950 den Namen »Platz der Akademie«. Die Rückbenennung datiert von 1991.
In der Jägerstraße, deren Name auf den Königlichen Jägerhof zurückgeht, verweist eine Erinnerungstafel am Gebäude Nr. 22/23 darauf, daß auf dem Grundstück, damals neben der Seehandlung, der Vorläuferin der Preußi-

schen Staatsbank, gelegen, das Geburtshaus von Alexander von Humboldt stand. Wir wechseln die Straßenseite.

**❹ Ehemaliges Wohnhaus von
Rahel Levin
Jägerstraße 54**
Unter dieser Adresse eröffnete die
20jährige Rahel Levin (1771–1833)
ihren ersten geselligen Kreis für Dichter, Künstler und Gelehrte. Bald schon
trafen sich in der bescheidenen Dach-
stube ebenso viele Berühmtheiten wie
bei ihrer Freundin Henriette Herz (vgl.
S. 83). Zu den Gästen Rahel Levins
zählten Chamisso und Friedrich de la
Motte Fouqué, die Brüder Tieck und
Friedrich Schlegel, Fürst Radziwill

**Rahel Varnhagen von Ense, 1822.
Kupferstich von Wilhelm Hensel**

und Prinz Louis Ferdinand. Letzterem,
einem soldatischen Haudegen und
Frauenheld, der 1806 im Kampf gegen
die napoleonischen Truppen fiel, widmete Fontane später eine seiner Preu-
ßen-Balladen.
Nachdem Rahel Levin sich hatte tau-
fen lassen, heiratete sie 1814 den Di-
plomaten und Schriftsteller Karl August Varnhagen von Ense. Nach ihrem
Aufenthalt in Wien, wo Varnhagen als
Mitarbeiter des preußischen Ministers
Friedrich von Hardenberg am Wiener
Kongreß teilnahm, und den Karlsru-
her Jahren, in denen er als Preußischer
Ministerresident tätig war, kam sie mit
ihrem Mann 1819 nach Berlin zurück.
In der nahen Französischen Straße 20
richtete sie einen zweiten Salon ein,
dem sich ein junges Dichtergenie hin-
zugesellte – Heinrich Heine.
Als Anregerin, Mäzenatin und frühe
Frauenrechtlerin, engagiert in den
emanzipatorischen Bestrebungen der
Juden, hatte sie großen Einfluß auf die
geistigen Auseinandersetzungen der
Zeit. Ihre Briefe gehören zu den bedeutenden literarischen Zeugnissen
des frühen 19. Jahrhunderts. In der
Durchfahrt des Hauses hängt eine Gedenktafel.
*Nebenan, auf dem Grundstück Nr. 55,
hatte einst die Privatbank Mendelssohn ihren Sitz. Sie wurde 1795 von
Abraham und Joseph Mendelssohn,
den Söhnen des Philosophen, gegründet. Ein Geldinstitut und die Griechi-
sche Botschaft teilen sich heute den
mit Nr. 54 verbundenen Gebäudekomplex.
Wir kehren auf die Markgrafenstraße
zurück und gelangen, indem wir uns*

nach rechts wenden, auf die Französische Straße. Ein Großteil der Huge-
notten, die in Berlin Aufnahme gefunden hatten, siedelte sich hier im
Friedrichstädtischen Viertel an. Entlang der Französischen Straße erstreckt sich heute das Hauptgebäude
der Kreditanstalt für Wiederaufbau
und der Bundesanstalt für vereini-
gungsbedingte Sonderaufgaben (Eingang Markgrafenstraße 47). Wir gehen jetzt nach links bis zur Kreuzung
Charlottenstraße, biegen rechts ein
und gelangen zur Behrenstraße.

Weinhandlung Lutter & Wegner, um 1910

❺ Schauplatz der Erzählung
Schach von Wuthenow
Behrenstraße /
Ecke Charlottenstraße

Die linke Straßenecke machte Fontane zur Szenerie seiner 1882 vorab-
gedruckten historischen Erzählung
Schach von Wuthenow.
»Der nächste Morgen sah Frau von
Carayon und Tochter in demselben
Eckzimmer, in dem sie am Abend vorher ihre Freunde bei sich empfangen
hatten. Beide liebten das Zimmer und
gaben ihm auf Kosten aller andern den
Vorzug. Es hatte drei hohe Fenster,
von denen die beiden untereinander im
rechten Winkel stehenden auf die Beh-
ren- und die Charlottenstraße sahen,
während das dritte, türartige, das ganze, breit abgestumpfte Eck einnahm
und auf einen mit einem vergoldeten
Rokokogitter eingefaßten Balkon hin-
ausführte. Sobald es die Jahreszeit er-
laubte, stand diese Balkontür offen
und gestattete, von beinah jeder Stelle
des Zimmers aus, einen Blick auf das
benachbarte Straßentreiben, das, der
aristokratischen Gegend unerachtet,
zu mancher Zeit ein besonders beleb-
tes war, am meisten um die Zeit der
Frühjahrsparaden, wo nicht bloß die
berühmten alten Infanterieregimenter
der Berliner Garnison, sondern, was
für die Carayons wichtiger war, auch
die Regimenter der Garde du Corps
und Gensdarmes unter dem Klang ihrer silbernen Trompeten an dem Haus
vorüberzogen. Bei solcher Gelegenheit
(wo sich dann selbstverständlich die
Augen der Herrn Offiziere zu dem Balkon hinaufrichteten) hatte das Eckzimmer erst seinen eigentlichen Wert
und hätte gegen kein anderes ver-
tauscht werden können.«
In der Behrenstraße führte seit 1852
Mathilde von Rohr einen literarischen
Salon, in dem auch Fontane und von
Lepel verkehrten. Als sie 1869 ins Kloster Dobbertin in Mecklenburg ein-
trat, entwickelte sich ein reger Briefwechsel zwischen ihr und Fontane.
Insbesondere bei dessen *Wanderungen* leistete sie auf vielfache Weise Hilfe.

❻ Ehemalige Weinstuben Lutter & Wegner, heute Hotel »Four Seasons« Charlottenstraße 49

Der heutige Hotelneubau, der in das Quartier 208 (Hofgarten am Gendarmenmarkt) eingebunden ist, hatte ein Vorgängergebäude, in dem im 19. Jahrhundert Lutter & Wegner ihr stadtbekanntes Weinlokal betrieben. Stammgast war E. T. A. Hoffmann. Diskutierend und zechend verbrachte er hier ganze Abende mit dem Freund und Schauspieler Ludwig Devrient. Jacques Offenbach wählte die Weinstuben als Schauplatz für die Rahmenhandlung seiner Oper *Hoffmanns Erzählungen*.

Wir überqueren abermals die Französische Straße, in der rechter Hand das schon Fontane bekannte Restaurant »Borchardt« sein Domizil hat, und setzen unseren Weg in südlicher Richtung auf der Charlottenstraße fort. Der auch damals gastronomiereichen Gegend rund um den Gendarmenmarkt hat Fontane in den »Poggenpuhls« (1896) ein literarisches Denkmal gesetzt. Einen abendlichen Theaterbesuch im Schauspielhaus läßt er mit der Einkehr in ein Lokal ausklingen. Essen und Plaudern gehören in seinen Romanen zu den unverzichtbaren erzählerischen Arrangements.

E. T. A. Hoffmann und Ludwig Devrient bei Lutter & Wegner

❼ Schauplatz des Romans
Die Poggenpuhls
Charlottenstraße
»Bald gegen zehn war die Vorstellung aus, und nach kurzer Beratung an einer etwas zugigen Ecke beschloß man, möglichst in der Nähe zu bleiben und in einem in der Charlottenstraße gelegenen Theaterrestaurant zu soupieren. Man fand hier alles so ziemlich besetzt, kam aber doch noch unter und traf nach Überfliegung der Speisekarte rasch die Wahl. Alle waren für Seezunge, mit Ausnahme von Therese, die sich für Makkaroni mit Tomaten erklärte. Gleich danach wurden ohne weiteres fünf Seidel wie ebenso viele Selbstverständlichkeiten vor sie hingepflanzt, und erst als diese Seidel schon halb geleert waren, erschien auch das Bestellte, was dem schon ziemlich nervös gewordenen alten General sein Gleichgewicht wiedergab. Er rückte nun seinen Teller etwas näher an sich heran, tröpfelte Zitronensaft auf die knusprige Panierung und sagte, während er gleich den ersten Bissen kennermäßig würdigte: ›Ja, Berlin wird Weltstadt. Aber was mehr sagen will, es wird auch Seestadt. Sie reden ja schon von einem großen Hafen, ich glaube, da bei Tegel herum – und ich kann wohl sagen, diese Seezunge schmeckt, als ob wir den Hafen schon hätten oder als ob wir hier mindestens in Wilkens Keller in Hamburg säßen.‹«

❽ Ehemaliges Café Stehely, heute Konditorei Möhring
Charlottenstraße 55 / Ecke Jägerstraße
Anstelle der traditionsreichen Konditorei Möhring erwartete früher ein nicht minder bekanntes Lokal, das Stehely, seine Gäste. Es war in den Zeiten des Vormärz einer der bevorzugten Treffpunkte des liberalen Bürgertums. Fontane, schon bald nach seiner Ankunft in Berlin durch »Onkel August« eingeführt, blieb diesem literarischen Café auch späterhin verbunden. »Allwöchentlich hatte ich (als Lehrling in der Apotheke von Wilhelm Rose), neben sonstigen Freistunden, auch einen freien Nachmittag, und mit der Feierlichkeit eines Kirchengängers, ja sogar in der sonntäglichen Aufgeputztheit eines solchen, begab ich mich, wenn dieser freie Nachmittag da war, regelmäßig zu Stehely, um hier allerlei Zeitungen: die Kölnische, die Augsburger, die Leipziger Allgemeine etc. zu lesen. Dieser Wunsch wurde mir freilich immer nur sehr unvollkommen erfüllt, denn es war die Zeit der sogenannten ›Zeitungstiger‹, die sich unersättlich auf die Gesamtheit aller guten Zeitungen stürzten und diese, grausam erfinderisch, entweder auf dem Stuhl, auf dem sie saßen, oder unterm Arm – oder auch vorn in den Rock geschoben – unterzubringen wußten. Ein Einschreiten dagegen war nicht möglich, denn die betreffenden Herren waren nicht nur Stehelysche Habitués, sondern zugleich auch Leute von gesellschaftlicher Stellung. Es hieß also sich in Geduld fassen, und manchmal wurde man auch belohnt. Aber

selbst wenn alles ausblieb, so verließ ich trotzdem das Lokal mit dem Gefühl, mich eine Stunde lang an einer geweihten Stätte befunden zu haben.«
Wir passieren die Hochschule für Musik »Hanns Eisler« und erreichen die Taubenstraße. An der gegenüberliegenden Straßenseite, hinter dem Deutschen Dom, steht das Denkmal für E. T. A. Hoffmann mit Blick dorthin, wo der Dichter gewohnt hat.

❾ Ehemalige Wohnung von E. T. A. Hoffmann, heute Restaurant Lutter & Wegner Charlottenstraße 56 / Ecke Taubenstraße

Hier hat der Dichter, Musiker und Jurist von 1815 bis zu seinem Tod mit seiner schwerkranken Frau Mischa gewohnt. Die Aussicht vom zweiten Stock beschrieb er in der Erzählung *Des Vetters Eckfenster*. In dem heutigen Gebäude ist das wiedereröffnete Restaurant Lutter & Wegner untergebracht.

Ernst Theodor Amadeus Hoffmann (1776–1822), in Königsberg geboren, kam erstmals 1798 als Kammergerichtsreferendar nach Berlin. Es folgten Anstellungen in Posen und dann in Plock, wohin er strafversetzt wurde, weil er sich mit der Posener Bürgerschaft solidarisiert und in Zeichnungen preußische Offiziere karikiert hatte. Während seiner Zeit als Regierungsrat in Warschau begann er, sich intensiv mit Musik zu beschäftigen. 1808–13 war er als Kapellmeister in Bamberg, Leipzig und Dresden tätig.

In diesen Jahren wiederum entstanden erste schriftstellerische Arbeiten.
Nach den Befreiungskriegen erhielt er erneut eine Anstellung im preußischen Staatsdienst. 1816 wurde er als Richter ans Berliner Kammergericht berufen. Im selben Jahr fand die erfolgreiche Uraufführung seiner Märchenoper *Undine* am Schauspielhaus statt. Die literarische Vorlage hatte Freund und »Serapionsbruder« Friedrich de la Motte Fouqué geliefert. Auch als Jurist machte Hoffmann Karriere. 1821 erfolgte seine Ernennung zum Oberappellationsrat am Kammergericht. Da er sich aber nur widerwillig in die Verfolgung der politischen Opposition einspannen ließ und sogar die Stirn hatte, die Gesinnungsschnüffelei in Preußen anzuprangern, wurde 1822 ein Disziplinarverfahren gegen ihn eingeleitet. Im selben Jahr starb er.
Der Konflikt zwischen Beamtentum und Künstlerexistenz, der sein Leben bestimmte, durchzieht auch die Erzählungen und Romane. Der Doppelgänger ist ein wiederkehrendes Motiv. Realistisch Dargestelltes verschmilzt mit grotesk Phantastischem in seinen Arbeiten, die von den Zeitgenossen weitgehend verkannt wurden. Sein Werk beeinflußte nachhaltig Schriftsteller wie Honoré de Balzac, Nikolai Gogol oder Oscar Wilde.
Wir setzen unseren Weg auf der Taubenstraße fort.

⓾ Ehemalige Unterkunft von Heinrich Heine
Taubenstraße 32

Hier fand Heinrich Heine (1797–1856) seine dritte Berliner Bleibe. Der 25jährige Student der Rechte war 1821 in die preußische Hauptstadt gekommen, um sein Studium fortzusetzen. Nach einem Intermezzo im Gasthof »Zum schwarzen Adler« in der Poststraße 30 mietete er sich zunächst in der Behrenstraße 71 ein. Die Abende pflegte er mit Christian Dietrich Grabbe, E. T. A. Hoffmann und Ludwig Devrient im Weinlokal von Lutter & Wegner zu verbringen. Auch zum Salon der Rahel Varnhagen, die früh seine Begabung erkannte und ihn förderte, fand er Zugang. Zuletzt wohnte er Unter den Linden 24, wo er, »die schneebedeckten Dächer und

Heinrich Heine, um 1825

die traurig entlaubten Bäume« vor Augen, den *William Ratcliff* schrieb. Unmittelbares literarisches Zeugnis seines dreijährigen Aufenthalts sind seine *Briefe aus Berlin.*

1824 ging er nach Göttingen zurück, um zu promovieren. Trotz seines Übertritts zum Christentum – der »Taufschein ist das Entreebillet zur europäischen Kultur« – gelang es ihm nicht, eine juristische Anstellung zu finden. Er blieb finanziell weiterhin abhängig von seinem Onkel Salomon Heine in Hamburg und führte ein unstetes Wanderleben durch Europa. 1827 erschien sein *Buch der Lieder,* das ihn schlagartig in Deutschland bekannt machte. 1831 ging er als Korrespondent der *Augsburger Allgemeinen Zeitung* nach Paris. Zwei Jahre zuvor hatte er ein letztes Mal der preußischen Hauptstadt einen Besuch abgestattet. Das Verbot der Schriften des »Jungen Deutschland«, das auch ihn traf, und die zunehmende Verfolgung der Demokraten ließen eine Rückkehr nicht mehr zu.

Wir gehen an den Friedrichstadt-Passagen vorbei. Die drei Karrees umfassende Neubebauung entstand 1993–1996. Durch ein Band unterirdischer Einkaufspassagen sind die einzelnen Blöcke entlang der Friedrich- und Charlottenstraße, Jäger-, Mohren- und Taubenstraße miteinander verbunden.

Friedrichstraße, um 1900. Foto von Heinrich Zille

⓫ Friedrichstraße

Als eine der Hauptverkehrsadern Berlins schuf die Friedrichstraße, deren Name auf König Friedrich I. zurückgeht, die Verbindung zur nördlichen bzw. südlichen Stadtgrenze. Eine der vielen Kutschfahrten, die Fontane immer wieder in die Handlungen seiner Romane eingeflochten hat, nimmt in der Straße ihren Anfang. »In raschem Trabe ging es, die Friedrichstraße hinunter, erst auf das Rondell und das Hallesche Tor zu, bis der tiefe Sandweg, der zum Kreuzberg hinaufführte, zu langsameren Fahren nötigte«, heißt es in *Schach von Wuthenow.*

Am südlichen Ende der Friedrich-straße wohnten in Nr. 235 Adelbert von Chamisso und in Nr. 242 der Kunstwissenschaftler und Dichter Franz Kugler (1808–1858), Schöpfer des Liedes *An der Saale hellem Strande.* Kugler, der Schwiegervater Paul Heyses, gehörte zu den maßgeblichen »Tunnel«-Mitgliedern. Fontane fand vielfach Unterstützung durch ihn.

Wir überqueren die Friedrichstraßenkreuzung und gehen auf der Taubenstraße weiter, in der noch einige Geschäftshäuser aus der Zeit der Jahrhundertwende überdauert haben, so das Gebäude der ehemaligen Aktienbrauerei Patzenhofer (Nr. 10).

In der Taubenstraße sind heute das Bundesministerium für Familie, Senioren, Frauen und Jugend (Nr. 42/43) und der Sender n-tv (Nr. 1) angesiedelt.

⑫ »Schleiermacher-Häuser« Taubenstraße 3 / Glinkastraße 16

Die beiden zweigeschossigen Häuser sind die einzigen im Viertel erhaltenen Zeugnisse der Wohnbebauung aus dem 18. Jahrhundert. 1738/39 im Auftrag der Dreifaltigkeitsgemeinde errichtet, waren hier die Wohnungen der Kirchenbediensteten und Pfarrer untergebracht. Die im Krieg zerstörte Dreifaltigkeitskirche stand am nahegelegenen Zietenplatz.

Seinen Namen verdankt das Gebäudeensemble dem Theologen Friedrich Ernst Daniel Schleiermacher (1768–

Friedrich Schlegel. Anonyme Bleistiftskizze, 1798

Schleiermacher. Stich von Heinrich Lips

1834). Der aus Breslau stammende Sohn eines Feldpredigers wurde 1809 Pastor der Gemeinde und wohnte hier insgesamt sechs Jahre. Während der napoleonischen Besetzung trafen sich in seinem Haus die patriotisch gesinnten Intellektuellen und Künstler der Stadt. Durch seine Freundschaft mit Friedrich Schlegel, an dessen Zeitschrift *Athenäum* er mitarbeitete, war er dem Kreis der Romantiker eng verbunden. Prägenden Einfluß hatte Schleiermacher auf die neugegründete Berliner Universität, an die er 1810 als Professor berufen worden war. Originell im Denken und mit einer außergewöhnlichen Rednergabe ausgestattet, verstand er es, die Zuhörerschaft selbst bei schwierigsten Themen mitzureißen. Seine Vorlesungen gehörten zu den bestbesuchten der Universität. Der verwachsene, bescheiden gebliebene Schleiermacher erklärte sich die Resonanz so: »Meine Studenten müssen mich hören, die Damen interessieren sich für die Studenten, und die Offiziere kommen, um die Damen zu sehen.«

Wir überqueren die Glinkastraße, die ehemals Kanonierstraße hieß und 1951 zu Ehren des russischen Komponisten umbenannt wurde. Michail Glinka hat 1833/34 in Berlin studiert, wo er 1857, während eines erneuten Aufenthalts, starb. Mit seinen Werken »Iwan Sussanin« und »Ruslan und Ludmilla« wurde er zum Begründer der russischen Nationaloper. Am Haus Glinkastraße 9–11 ist eine Gedenktafel angebracht.

Wir gehen die Taubenstraße weiter bis zur Mauerstraße, in der im frühen 19. Jahrhundert eine Reihe namhafter Berliner Persönlichkeiten wohnte.

❶❸ Ehemalige Wohnungen von Achim von Arnim und Clemens Brentano, Rahel und August Varnhagen von Ense sowie Karl Gutzkow Mauerstraße

Die einzelnen Häuser sind nicht mehr erhalten. Die heutigen Hausnummern entsprechen nicht der Numerierung im 19. Jahrhundert. In der ehemaligen Nr. 34 fand Achim von Arnim 1808 eine Wohnung, in der er ein Jahr später seinem nach Berlin gekommenen »Herzensfreund« Clemens Brentano (1778–1842) ein Zimmer abtrat. Clemens, der Bruder Bettinas, hatte gegen seine Neigung eine vom Vater bestimmte Kaufmannslehre begonnen. Nach deren Abbruch studierte er Berg- und Kameralwissenschaften, wandte sich aber, bestärkt durch die Zusammenarbeit mit von Arnim, mehr und

Die Mauerstraße mit Dreifaltigkeitskirche

mehr der Dichtkunst zu. Bleibendes schuf er dabei nicht nur als Volkslied-sammler und Bearbeiter älterer Litera-tur, sondern auch mit eigenen Gedich-ten wie *Abendständchen, Wiegenlied* oder *Rückkehr an den Rhein,* die sich durch Formgewandtheit und eine mu-sikalische Sprache auszeichnen.

Nach den Befreiungskriegen, in denen er vor allem als Verfasser von Frei-heits- und Soldatenliedern hervorge-treten war, entstanden einige seiner schönsten Kunstmärchen und Novel-len, darunter *Gockel, Hinkel und Gackeleia* oder *Die Geschichte vom braven Kasperl und dem schönen An-nerl.* Diese schöpferische Zeit war je-doch auch von innerer Unruhe und Zerrissenheit sowie schweren Depres-sionen geprägt. 1817 wandte sich Brentano dem katholischen Mystizis-mus zu und verzichtete von da an auf

Clemens Brentano. Undatierte Zeichnung von Ludwig Emil Grimm

Karl August Varnhagen von Ense. Zeichnung von Samuel Diez, 1839

eine weltliche Dichtung. Ab 1829 lebte er in Frankfurt/Main, später in München. Sein literarisches Werk, das auch antisemitische Züge aufweist, zählt bei aller Unausgeglichenheit und Widersprüchlichkeit zu den bedeuten-den Leistungen der deutschen Roman-tik.

In dem ehemaligen Haus Nr. 36 bezo-gen Karl August Varnhagen von Ense (1785–1858) und seine Frau Rahel 1831 ihre letzte Wohnung. Der gebür-tige Düsseldorfer Varnhagen von Ense hatte in Berlin Medizin studiert und nebenher Vorlesungen zur Philosophie und Literaturgeschichte bei Fichte und August Wilhelm Schlegel gehört. Als Student gab er mit Chamisso 1804–06 den *Grünen Musenalmanach* her-aus. 1809 trat er ins österreichische Heer ein. Jahre als Diplomat beim Wiener Kongreß und in Karlsruhe schlossen sich an. Wegen seines Engagements im badischen Verfassungsausschuß und seiner publizistischen Arbeiten, in denen er sich gegen die Vorrechte des Adels und die Willkür der Behörden wandte, wurde er 1819 suspendiert. Das Angebot, als Ministerresident nach Washington zu gehen und damit aus Deutschland abgeschoben zu werden, lehnte er ab. 1824 ließ er sich in den Ruhestand versetzen.

Als Ratgeber und Förderer von Wissenschaft und Literatur nahm der Privatmann ab den 30er Jahren eine zentrale Rolle im Berliner Geistesleben ein, die er selbst als »Freimaurerei der Literatur« bezeichnete. Autoren des »Jungen Deutschland« wie Karl Gutzkow, Heinrich Laube oder Theodor Mundt betrachteten ihn als Mentor. Bettina von Arnim, Heinrich Heine

Karl Gutzkow,
um 1870

und Ferdinand Lassalle zählten zu seinem Freundeskreis. Als erster machte er auf die weltliterarische Bedeutung Alexander Puschkins aufmerksam. Mit *Rahel. Ein Buch des Andenkens für ihre Freunde* würdigte er das Lebenswerk seiner Frau, die 1833 in diesem Haus starb. Von großer kulturgeschichtlicher Bedeutung sind Varnhagens *Tagebücher,* die aufgrund ihrer gesellschaftskritischen Bemerkungen erst nach seinem Tod veröffentlicht werden konnten.

In der ehemaligen Nr. 16 hat Karl Gutzkow (1811–1878), der in Varnhagen von Ense sein Vorbild sah, einen Teil seiner Kindheit verbracht. Auch spätere Besuche im Elternhaus führten ihn immer wieder in diese Straße zurück.

Gutzkow studierte in seiner Heimatstadt zunächst Theologie, dann Philologie und schloß sich als Student den Burschenschaften an. Unter dem Eindruck der französischen Julirevolution von 1830 wandte er sich dem Journalismus und der Politik zu. Weitere Studien in Berlin und Heidelberg folgten. Mit seinem Freund Heinrich Laube unternahm er 1833 ausgedehnte Reisen. In diese Zeit fielen seine ersten literarischen Arbeiten, die durch ihre Freisinnigkeit und gesellschaftskritischen Töne aufhorchen ließen. Schon 1835 wurden mit dem vom Deutschen Bundestag gegen die »Jungdeutschen« verfügten Schreib- und Druckverbot auch seine Schriften auf den Index gesetzt. 1837–48 gab er in Hamburg den *Telegraphen für Deutschland* heraus, an dem zeitweilig auch Friedrich Engels mitarbeitete. 1862 übersiedelte er nach Weimar und gehörte hier zu den Mitbegründern der Deutschen Schillerstiftung, deren Generalsekretär er wurde. Ein Nervenleiden, das ihn zu häufigen Wohnortwechseln zwang, überschattete die letzten Lebensjahrzehnte.

Unter den Autoren des »Jungen Deutschland«, die in der Zeit des Vormärz aus einer bürgerlich-liberalen Haltung heraus gegen das verkrustete feudale System opponierten, war Gutzkow einer der talentiertesten und vielseitigsten. Neben der journalistischen und publizistischen Tätigkeit verfaßte er Erzählungen, Romane und Theaterstücke.

Fontane, der als Apothekerlehrling die Gutzkowschen Bücher verschlungen hatte, besprach später mehrere von dessen Bühnenwerken. Geradezu Gewissensqualen bereitete ihm ein Verriß, zu dem er sich 1871 nach der Aufführung des Lustspiels *Die Gefangenen von Metz* gezwungen sah.

⓮ Kleisthaus
Mauerstraße 53

Das heute mit dem benachbarten Bundesministerium für Arbeit und Sozialordnung vereinte Gebäude wurde 1913 als Bankhaus errichtet. Der figürliche Fassadenschmuck stammt, ebenso wie die Reliefplatte zur Erinnerung an Heinrich von Kleist, von dem Bildhauer Georg Kolbe.

Heinrich von Kleist (1777–1811) war im Februar 1810 nach Berlin gekommen und mietete sich in dem Vorgängerhaus an dieser Stelle ein. In seinem möblierten Zimmer schrieb er an dem

Heinrich von Kleist, 1801

Drama *Der Prinz Friedrich von Homburg* und an der Erzählung *Michael Kohlhaas*. Des Dichters bevorzugter Arbeitsplatz war das Bett, in dem er, wie Achim von Arnim zu berichten weiß, pfeiferauchend »oft ganze Tage« zu verbringen pflegte. Zermürbt von den Existenznöten und der ausbleibenden Anerkennung seines literarischen Werks, wählte er ein Jahr später mit der Freundin im Geiste, Henriette Vogel, den Freitod. Am Kleinen Wannsee, an der Stelle, wo beide starben, steht der Grabstein von Heinrich von Kleist.

Wir passieren das 1997–99 erbaute Gebäude der Landesvertretung des Freistaates Thüringen (Mauerstraße 54/55) und gelangen zum

⑮ Schauplatz der Erzählung *Stine*
Zietenplatz

Auf dem zwischen Mauer- und Wilhelmstraße gelegenen Platz standen früher die Dreifaltigkeitskirche und sechs Denkmäler, darunter das Denkmal für den preußischen Generalleutnant Hans Joachim von Zieten, das Johann Gottfried Schadow schuf. Zieten und seiner Kavallerie hatte Friedrich II. mehrere Schlachtensiege zu verdanken. Fontane besang den verwegenen Husarengeneral in der Ballade *Der alte Zieten*.

In seinem Roman *Stine* läßt er den Baron Papageno am Zietenplatz wohnen. »Aber freilich, seine der gesamten Wohnungsfrage geltenden Sorglichkeiten beschränkten sich nicht auf Luftschicht und Hausruhe, sondern zeigten sich beinah mehr noch in dem Raffinement, mit dem er bei der Wahl der Stadtgegend verfahren war und Zietenplatz und Mohrenstraßen-Ecke gewählt hatte. Wie sich denken läßt, hielt er diese seine Kastellecke für nicht mehr und nicht weniger als den schönsten Punkt der Stadt und lag darüber mit dem alten Grafen in einer beständigen Fehde. Dieser seinerseits zog die Behrenstraße weit vor, unterlag aber bei den sich darüber entspinnenden Streitigkeiten jedes Mal, weil er in der üblen Lage war, mit bloßen legitimistischen Sentiments gegen Tatsachen fechten zu müssen. ›Ich bitte Sie, Graf‹, sagte dann Papageno mit einer von vornherein überlegenen Miene, ›was haben Sie, Hand aufs Herz, in der Behrenstraße? Sie sehen nun schon sieben Jahre lang in das Portal der klei-

nen Mauerstraße hinein, ohne je was anderes herauskommen zu sehen als eine Kutsche mit einer alten Prinzessin oder einer noch älteren Hofdame. Das ist mir aber, offen gestanden, trotzdem die Kutschen zu sind, als Point de vue nicht anziehend genug. Und nun vergleichen Sie damit meine Mohrenstraßen-Ecke. Sag ich zuviel, wenn ich behaupte, daß mir, von meinem Ausguck aus, ganz Berlin, soweit es mitspricht, zu Füßen liegt? Was ich jeden Morgen zuerst zu begrüßen in der Lage bin, ist der alte Zieten auf seinem Postament. Als er noch weiß war, war er mir freilich noch lieber, und wenn ich ihn damals so marmorblank in der Morgensonne dastehen und leuchten sah, dacht ich mitunter, er werde reden wie der selige Memnon aus seiner Säule. Nun, das hat er schon damals unterlassen, und seitdem er erz- und olivenfarben geworden ist, ist es vollends damit vorbei – die besseren Tage liegen ihm und anderen zurück. Aber besser oder nicht, der alte Zieten ist überhaupt nur ein Vorposten an dieser Stelle, hinter dem ich (die Menge muß es bringen) an jedem neuen Tage nach links hin die Gamaschen des alten Dessauers und nach rechts hin die Fahnenspitze des alten Schwerin blinken sehe. Vielleicht ist es auch sein Degen. Und en arrière meiner Generäle türmen sich die Ministerien auf und Pleß und Borsig, und wenn ich mich noch weiter vorbeuge, seh ich sogar das Gitter von Radziwill, jetzt Bismarck, und durchdringe mich mit dem patriotischen Hochgefühle, hier Preußen unter dem alten Fritzen, dort Preußen unter dem eisernen Kanzler.‹«

In der Nähe des Zietenplatzes und der nicht mehr erhaltenen Dreifaltigkeitskirche wohnte ein Schweizer Dichter.

⑯ Ehemalige Unterkunft von Gottfried Keller
Mohrenstraße 6

Hier mietete im April 1850 Gottfried Keller (1819–1890) ein Zimmer. Mit einem Stipendium der Zürcher Universität ausgestattet, war er zur Weiterbildung in die preußische Hauptstadt gekommen. Aus dem geplanten einjährigen Studienaufenthalt wurden mehr als fünf Jahre, obwohl sich manche der hochgespannten Erwartungen, die er mit Berlin verband, rasch zerschlagen hatten. Keinen rechten Zugang fand er zu den intellektuellen Kreisen der Stadt. Die Salonière und Vielschreiberin Fanny Lewald empfand er als »Tintentier«, die Dichter Geibel und Kugler als »Süßwasserfische«. Zu den wenigen, zu denen er ein freundschaftliches Verhältnis entwickelte, gehörten Varnhagen von Ense sowie der Verleger Franz Duncker und dessen Familie. In die bildschöne Betty Tendering, Dunckers Schwägerin, verliebte er sich unglücklich. Er flüchtete in Alkoholexzesse und Kneipenschlägereien. Beständig von Geldsorgen bedrängt, wurde er wegen Mietschulden schließlich aus seinem Zimmer in der Mohrenstraße herausgeklagt.

Als Keller Ende 1855 die Stadt verließ, hatte er, trotz widrigster Lebensumstände, eine Reihe bedeutsamer literarischer Arbeiten abschließen können wie den Roman *Der grüne Heinrich* und den ersten Band der Novellen *Die*

Gottfried Keller. Pastell von Ludmilla Assing, 1854

Leute von Seldwyla. Die Hoffnung, sich als Dramatiker etablieren zu können, die ihn eigentlich nach Berlin getrieben hatte, erfüllte sich allerdings nicht.

Hinter dem Zietenplatz führt die Mohrenstraße zur Wilhelmstraße, in der im 18. Jahrhundert zahlreiche Adelspaläste standen. Später siedelten sich hier die höchsten Regierungsstellen Preußens, schließlich des kaiserlichen Deutschen Reiches an. Die Mohrenstraße wird in westlicher Richtung von der Voßstraße verlängert. Bevor diese Straße angelegt wurde, stand hier auf dem Grundstück Wilhelmstraße 78 das Palais Voß. Im Gartenhaus fand das junge Ehepaar Bettina und Achim von Arnim 1811 seine erste gemeinsame Bleibe. In Fontanes Roman »Die Poggenpuhls« haben zwei der Bar-

tenstein-Brüder ihre Wohnung in der Voßstraße.
Wir biegen nach links in die Wilhelmstraße, passieren das Botschaftsgebäude der Republik Tschechien und überqueren die Leipziger Straße.

⓱ Ehemaliges »Haus der Ministerien«, heute Bundesministerium der Finanzen Leipziger Straße 5–7
Der für das Reichsluftfahrtministerium erbaute und zu DDR-Zeiten als »Haus der Ministerien« genutzte Komplex war am 17. Juni 1953 Schauplatz des Volksaufstandes. Hierher waren die Demonstranten gezogen und forderten die Senkung der Arbeitsnormen, den Rücktritt von Walter Ulbricht und freie Wahlen. Als es der Ostberliner Polizei nicht gelang, die Demonstrationszüge aufzulösen,

griffen sowjetische Truppen mit Panzern ein. Ein Denkmal erinnert heute an diese Ereignisse.
In den 90er Jahren hatte hier die Treuhandanstalt ihr Domizil. In dem Roman *Ein weites Feld* von Günter Grass findet die Hauptfigur, der ehemalige Kulturbundmitarbeiter Theo Wuttke, genannt Fonty – ein modernes Alter ego Fontanes –, eine Stelle als Aktenbote bei der Treuhand.
Auf der Wilhelmstraße weitergehend, vorbei an der langgestreckten Fassade des Bundesfinanzministeriums, biegen wir rechts in die Niederkirchnerstraße (früher Prinz-Albrecht-Straße) ein, benannt nach der 1944 hingerichteten Widerstandskämpferin Käthe Niederkirchner. An der südlichen Straßenseite, auf der nach dem Mauerbau von 1961 die DDR-Grenzsicherungsanlagen standen, schließt sich der Stadtbezirk Kreuzberg an. Hier befindet sich die

Leipziger Platz, 17. Juni 1953

⓱ Gedenkstätte
»Topographie des Terrors«
Niederkirchnerstraße 8
Im ehemaligen Palais des Prinzen Albrecht quartierten sich 1933 Gestapo und Sicherheitsdienst der SS ein. 1939 erfolgte der Zusammenschluß beider Terrorzentralen zum Reichssicherheitshauptamt. Von hier aus wurden die Verfolgung und Deportation von Juden und politisch Andersdenkenden organisiert. Die im Zweiten Weltkrieg zerstörten Bauten wurden 1950 abgerissen. Eine Bürgerinitiative legte 1986 die Keller frei, in denen u. a. die Mitglieder der Roten Kapelle verhört und gefoltert wurden, um ein Zeichen der Erinnerung zu setzen. Zur 750-Jahr-Feier der Stadt richteten die Berliner Festspiele auf dem Gelände eine Gedenkausstellung ein. Im Auftrag der Stiftung »Topographie des Terrors« erbaut der Schweizer Architekt Peter Zumthor derzeit das neue Ausstellungs- und Dokumentationsgebäude. *In unmittelbarer Nachbarschaft steht der*

⓳ Martin-Gropius-Bau
Niederkirchnerstraße 7
Das ehemalige Museum für die Schau- und Studienexponate der Kunstgewerbeschule entstand 1877–81 nach Entwürfen von Martin Gropius und Heino Schmieden. Während der Nazizeit ebenfalls vom Reichssicherheitshauptamt vereinnahmt und im Krieg schwer beschädigt, begann die bauliche Sicherung erst 1966, nachdem Walter Gropius energisch für den Erhalt des von seinem Großonkel errich-

teten Hauses eingetreten war. Der Martin-Gropius-Bau ist heute eines der vielbesuchten Museen Berlins.
Gegenüber, Niederkirchnerstraße 5, befindet sich das Abgeordnetenhaus von Berlin. Es entstand 1892-99 als Sitz des Preußischen Landtags. Die Niederkirchnerstraße führt auf die nach dem Politiker und Friedensnobelpreisträger Gustav Stresemann benannte Stresemannstraße. Ihr ursprünglicher Name lautete Hirschelstraße. Gegenüber der Straßenmündung ist in den letzten Jahren, mehrere ehemals separate Grundstücke einbeziehend, ein Neubaukomplex entstanden.

⓴ Ehemaliges Wohnhaus von
Friedrich Eggers
Stresemannstraße 111,
früher Hirschelstraße 9
Hier stand im 19. Jahrhundert das Haus, in dem der Kunsthistoriker und Publizist Friedrich Eggers (1819–1872) wohnte. Eggers war als Hochschullehrer, später als Professor an der Akademie der Künste tätig und gab die Zeitschrift *Deutsches Kunstblatt* heraus. Fontane hatte ihn, kurz nachdem er selbst Mitglied im »Tunnel über die Spree« geworden war, in die Dichtervereinigung eingeführt.
»Er war ein großer Organisator im kleinen, eine Art Friedens-Carnot, unerschöpflich in Hilfsmitteln, und gab davon, noch kurz vor seinem Tode, die glänzendsten Beweise. Viele seiner jungen Freunde, zur Hälfte mecklenburgische Landsleute, zur andren Hälfte Schüler des Polytechnikums, an

**Friedrich Eggers.
Stich von E. Mandel**

dem er Unterricht erteilte, waren mit in den Krieg gezogen, und diese jungen Leute durch Nachrichten in Verbindung mit der Heimat und durch Liebesgaben bei frischem Mut und fröhlichem Herzen zu erhalten, machte er sich durch den ganzen langen Winter 1870 auf 71 hin zur schönsten Lebensaufgabe. Damals hab' ich ihn lieben und bewundern gelernt. Er war um jene Zeit, halb wissenschaftlich, beständig mit der Frage beschäftigt, wie sich Zeitungen und Zigarren wohl am besten nachsenden ließen, und hatte die Kunst, Pulswärmer, Socken, Leibbinden, Jacken ohne Ärmel – und dann in einem andern Paket wieder die Ärmel dazu – postzulässig in die Welt zu schicken, bis zur Virtuosität ausge-

bildet. Er hat zahllose glückliche Stunden geschaffen.«
Wir wenden uns jetzt nach links und gehen bis zur Ecke Dessauer Straße weiter.

❹ Ehemalige Wohnung von Theodor Fontane Stresemannstraße 109 / Ecke Dessauer Straße, früher Hirschelstraße 14 bzw. Königgrätzer Straße 25
Das markante Eckgebäude mit schrägen Wand- und Fensterflächen entstand 1993/94. In einem Vorgängerhaus an dieser Stelle bezogen die Fontanes im Herbst 1863 ihre vorletzte Wohnung. Seit der Rückkehr aus England, 1859, waren mehrfach Umzüge nötig gewesen. Am längsten, dreieinhalb Jahre, hatten sie in der Tempelhofer Straße 51 (heute Mehringdamm 1 / Blücherdamm 1) gewohnt. Der dortige Hauswirt kündigte jedoch im April 1863 der inzwischen auf drei Kinder, George, Theodor und Martha, angewachsenen Familie. Nach einem Intermezzo in der Alten Jakobstraße 171 wurde die Hirschelstraße 14 das neue Domizil. 1864 kam hier Sohn Friedrich zur Welt. Er gründete später einen eigenen Verlag und gab die Bücher seines Vaters heraus.
Der zweitälteste Sohn Theodor hat in seinen zwischen 1923 und 1932 verfaßten Lebenserinnerungen die Wohnung beschrieben: »In dem damals ziemlich ansehnlichen Haus Ecke Dessauer Straße hatten meine Eltern die von der Stadtmauer aus am meisten links belegene Wohnung im ersten

Emilie Fontane, 1859

Theodor Fontane, 1869.
Porträtfoto von
Loescher & Petsch

Fontanes vorletzte Wohnung, Hirschelstraße 14, re. Dessauer Straße

Stock inne. Ein dunkler Flur trennte zwei nach vorn liegende als Arbeitszimmer des Hausherrn und als Damenzimmer dienende leidlich große zweifenstrige Räume von zwei auf einen engen unfreundlichen Hof gehenden Schlafstuben. Die eine davon schuf hintenherum eine sonst nur durch die erstgenannten Zimmer mögliche Verbindung zum großen einfenstrigen Berliner Zimmer, das als Eßraum dienend auch zum Schlafen mit herhalten mußte. Dann folgte ein Durchgangsstübchen zur Küche. Der erwähnte Flur stieß gradeaus auf eine gleichfalls düstere, überaus winzige, aber unabwendbar nötige Örtlichkeit, die mangels Ventilationsmöglichkeit sehr geschont wurde, d. h. nur für die

Eltern und ›dringendste‹ Fälle bestimmt war. Allwöchentlich erschien eine ältliche Frau mit lang herabwallendem Umhang; er verbarg ein Tragegestell mit zwei Eimern, deren einer gegen den unsrigen ausgewechselt wurde...«

Grundstücksspekulation und der damit verbundene Verkauf des Hauses trieb die Miete in die Höhe. Anfang Oktober 1872 sahen sich die Fontanes gezwungen, die Wohnung in der Königgrätzer Straße 25, wie die Adresse inzwischen hieß, aufzugeben. »Alles hat seine Zeit, so auch eine Wohnung ... Es waren wie die besten so auch die interessantesten Jahre meines Lebens«, resümiert Fontane in einem Brief an Mathilde von Rohr.

㉒ Ehemalige Redaktion der *(Kreuz-)Zeitung*
Dessauer Straße 5

Mit beeinflußt haben dürfte Fontanes damaligen Umzug in die Hirschelstraße auch, daß sich ganz in der Nähe, in der Dessauer Straße 5, Redaktion und Expedition der *Neuen Preußischen (Kreuz-)Zeitung*, genannt *Kreuz-Zeitung*, befanden. Seit 1860 war Fontane festangestellter Redakteur des Blattes. Mitte der 60er Jahre wurde der Sitz der Zeitung von dort in die Hirschelstraße 4 (Königgrätzer Straße 15) verlegt. Fontane betreute den »englischen Artikel«. Da sich die Zeitung, die in einer Auflage von 10 000 Exemplaren erschien, keine Auslandskorrespondenten leisten konnte, entstanden die »auswärtigen« Berichte im heimischen Berlin. Grundlage für die Tätigkeit bildete die Lektüre der fremdsprachigen Presse und ein gerüttelt Maß Phantasie. Auf diesbezügliche Erfahrungen konnte Fontane bereits aus der Zeit im »Literarischen Kabinett« zurückgreifen.

»Tunnel«-Freund George Hesekiel (1819–1874), der ihm die Anstellung vermittelt hatte, redigierte den »französischen Artikel«. Beide kannten sich bereits seit Ende der 40er Jahre aus dem »Tunnel«, ein inniges freundschaftliches Verhältnis entstand aber erst nach Fontanes Rückkehr aus England. In seiner Autobiographie *Von Zwanzig bis Dreißig* widmet er Hesekiel, dessen charakterliche Züge er schätzte, ein umfangreiches Kapitel. Hesekiel wohnte gleich um die Ecke, in der Bernburger Straße 18.

Fontane, der einst mit großen Vorbehalten den Posten in der staatlich gelenkten »Zentralstelle für Preßangelegenheiten« angenommen und dort durchaus als unsicherer Kantonist gegolten hatte, fand sich nach seiner Rückkehr aus London 1859 nun selbst als Reaktionär abgestempelt. Unter Wilhelm von Preußen, der seinem Bruder, dem schwerkranken König Friedrich Wilhelm IV., 1858 als Prinzregent auf den Thron gefolgt war, wehte ein neuer politischer Wind. Mit Konzessionen an das Großbürgertum sollten die Verhältnisse in Preußen stabilisiert werden. Manteuffels Kabinett wurde entlassen und durch eine liberal-konservative Regierung ersetzt. Bei den Wahlen zum Abgeordnetenhaus gelang den Liberalen daraufhin im November 1858 ein überwältigender Sieg. Für Fontane, den vermeintlichen Anhänger Manteuffels, bot sich in dieser Situation keine journalistisch befriedigende Anstellung mehr. Einzig die stockkonservative *Kreuz-Zeitung* hatte noch Verwendung für ihn.

Die Tätigkeit erwies sich aber insofern als Glücksfall, als es für den »englischen Artikel« nicht sonderlich viel zu berichten gab. Angesichts der neuen preußischen Außenpolitik traten die Spannungen mit England in den Hintergrund. Eine tägliche »Korrespondenz« war nicht mehr erforderlich. Als neuer, schlagzeilenträchtiger Feind wurde Frankreich anvisiert. Hesekiel war mit Arbeit eingedeckt, Fontane hingegen fand ausreichend Zeit, um eine Vielzahl literarischer Vorhaben umzusetzen. Nachdem er bereits 1860 in zwei Büchern seine Englandaufenthalte (*Aus England. Studien über*

Theater, Kunst und Presse und *Jenseit des Tweed)* ausgewertet hatte, brachte er 1861 den Band *Balladen* heraus. Er absolvierte in den Jahren bei der *Kreuz-Zeitung* den Großteil der *Wanderungen durch die Mark Brandenburg.* Seine umfangreichen Tagebücher von den Kriegsschauplätzen in Schleswig-Holstein und Frankreich erschienen. Und neben all dem rang er um die Bewältigung seines ersten Romans.

Ebenfalls in der Dessauer Straße (Nr. 28) befand sich das »Hotel de Pologne«. Fontane stieg am 17. Januar 1859 hier nach seiner Rückkehr aus London erst einmal ab und hielt Ausschau nach einer Wohnung für sich und die Familie.

Wir kehren zurück auf die Stresemannstraße. Im 1928 erbauten Europa-Haus hat das Bundesministerium für wirtschaftliche Zusammenarbeit und Entwicklung (Stresemannstraße 90–92) seinen zweiten Dienstsitz. Dem Gebäudekomplex schließt sich das 1926 entstandene Deutschlandhaus an, in dem heute u. a. die Bundeszentrale für politische Bildung untergebracht ist.

Bevor wir zum Askanischen Platz kommen, machen wir einen kurzen Abstecher in die Bernburger Straße.

❷❸ St. Lukas-Kirche
Bernburger Straße 3–5

Das Gotteshaus entstand 1859–61 nach einem Entwurf von Friedrich August Stüler. Zu den namhaften Mitgliedern der St. Lukas-Gemeinde gehörten neben Fontane auch Jacob Grimm, Adolph Menzel und Theodor Mommsen (1817–1903).

Der aus einer Schleswiger Pastorenfamilie stammende Mommsen hatte in Kiel Jura studiert. Nach einer dreijährigen Italienreise wurde er 1849 auf einen Lehrstuhl in Leipzig berufen. Wegen seiner liberalen politischen Haltung geschaßt, schließlich noch des Hochverrats bezichtigt, emigrierte der bereits in der achtundvierziger Revolution als Aktivist Hervorgetretene 1852 in die Schweiz. Über Breslau, wo er anschließend eine Lehrtätigkeit antrat, kam er 1858 als Professor für Alte Geschichte an die Berliner Universität. Mit seinem bekanntesten Werk, der *Römischen Geschichte,* wurde Mommsen Vorreiter eines »kritischen Realismus in den Altertumswissenschaften«. 1902 erhielt er als erster Deutscher den Literaturnobelpreis.

Wir gehen in Richtung Stresemannstraße zurück und gelangen zum Askanischen Platz, wo die Portalruine des Anhalter Bahnhofs steht. Der im Zweiten Weltkrieg zerstörte Bahnhof wurde 1961 gesprengt und abgerissen. Einzig der Portikus blieb als Erinnerung an dieses Meisterwerk gründerzeitlicher Bau- und Ingenieurskunst erhalten. Auf dem abgeräumten Bahnhofgelände hat das von der alternativen Berliner Musik- und Theaterszene 1980 gegründete »Tempodrom« einen neuen Standort gefunden. Hinter dem Askanischen Platz sind einige gründerzeitliche Häuser erhalten geblieben.

Der Askanische Platz mit Anhalter Bahnhof und Königgrätzer Straße, 1910

㉔ Schauplatz des Romans
Effi Briest
Königgrätzer Straße,
heute Stresemannstraße

In diesem Abschnitt der Stresemannstraße, die zu Fontanes Zeit Königgrätzer Straße hieß, siedelte Fontane
die berühmteste seiner Figuren an –
Effi Briest. Der Roman erschien 1895.
»Drei Jahre waren vergangen, und Effi
bewohnte seit fast ebenso langer Zeit
eine kleine Wohnung in der Königgrätzer Straße, zwischen Askanischem
Platz und Halleschem Tor: ein Vorder-
und Hinterzimmer und hinter diesem
die Küche mit Mädchengelaß, alles
so durchschnittsmäßig und alltäglich

wie möglich. Und doch war es eine
apart hübsche Wohnung, die jedem,
der sie sah, angenehm auffiel, am meisten vielleicht dem alten Geheimrat
Rummschüttel, der dann und wann
vorsprechend, der armen jungen Frau
nicht bloß die nun weit zurücklie-
gende Rheumatismus- und Neuralgie-
komödie, sondern auch alles, was seitdem sonst noch vorgekommen war,
längst verziehen hatte, wenn es für ihn
der Verzeihung überhaupt bedurfte.
Denn Rummschüttel kannte noch
ganz anderes. Er war jetzt ausgangs
Siebzig, aber wenn Effi, die seit einiger
Zeit ziemlich viel kränkelte, ihn brief-
lich um seinen Besuch bat, so war er

am anderen Vormittag auch da und wollte von Entschuldigungen, daß es so hoch sei, nichts wissen. ›Nur keine Entschuldigungen, meine liebe, gnädigste Frau; denn erstens ist es mein Metier, und zweitens bin ich glücklich und beinahe stolz, die drei Treppen so gut noch steigen zu können. Wenn ich nicht fürchten müßte, Sie zu belästigen – denn ich komme doch schließlich als Arzt und nicht als Naturfreund und Landschaftsschwärmer –, so käme ich wohl noch öfter, bloß um Sie zu sehen und mich hier etliche Minuten an ihr Hinterfenster zu setzen. Ich glaube, Sie würdigen den Ausblick nicht genug.‹

›O doch, doch‹, sagte Effi; Rummschüttel aber ließ sich nicht stören und fuhr fort: ›Bitte, meine gnädigste Frau, treten Sie hier heran, nur einen Augenblick, oder erlauben Sie mir, daß ich Sie bis an das Fenster führe. Wieder ganz herrlich heute. Sehen Sie doch nur die verschiedenen Bahndämme, drei, nein vier, und wie es beständig darauf hin und her gleitet … und nun verschwindet der Zug da wieder hinter einer Baumgruppe. Wirklich herrlich! Und wie die Sonne den weißen Rauch durchleuchtet! Wäre der Matthäikirchhof nicht unmittelbar dahinter, so wäre es ideal.‹«

❹ Hebbel-Theater
Stresemannstraße 29
1907/08 erbaut, erhielt das Haus seinen Namen nach dem Dramatiker Friedrich Hebbel (1813–1863), dessen Drama *Judith* 1840 erfolgreich in Berlin aufgeführt worden ist. Hebbel,

Friedrich Hebbel.
Gemälde von Karl Rahl, 1851

als Sohn eines Tagelöhners im holsteinischen Wesselburen geboren, hatte in Heidelberg, dann in München Geschichte und Literatur studiert und sich 1846 in Wien niedergelassen. Seine Stücke gehörten im 19. Jahrhundert zum festen Repertoire eines jeden Theaters. Fontane konnte mit dessen Bühnenwerken allerdings wenig anfangen. Nur einmal hat er einer Hebbelschen Tragödie, *Herodes und Mariamne*, eine Besprechung gewidmet. Sie geriet ihm zum Verriß.
Heute bietet das Hebbel-Theater gastierenden Ensembles eine Spielstätte. *Am Ende der Stresemannstraße erhebt sich das*

❷❻ Willy-Brandt-Haus
Stresemannstraße 28,
Wilhelmstraße 140/141

Die neuerbaute Bundeszentrale der SPD erhielt ihren Namen nach ihrem langjährigen Vorsitzenden Willy Brandt. Fontane hat die Gründung der Sozialdemokratischen Partei Deutschlands (1890) noch miterlebt. Aber er blieb ein distanzierter Beobachter der politischen Entwicklungen. Gleichwohl räumte er ein, daß den neuen sozialen Kräften, dem »veredelten Bebel- und Stöckerthum« im Gegensatz zum »alten Zieten- und Blücherthum«, die Zukunft gehöre. Seinen Pastor Lorenzen läßt er im *Stechlin* sagen: »Wohl möglich, daß aristokratische Tage mal wiederkehren, vorläufig, wohin wir sehen, stehen wir im Zeichen einer demokratischen Weltanschauung. Eine neue Zeit bricht an. Ich glaube, eine bessere und glücklichere.«

Vom nahen U-Bahnhof Hallesches Tor erreichen wir den historischen Stadtkern.

Nächste Doppelseite:
Im Tiergarten, 1879

Sechster Spaziergang
»Und wenn ich nun
einen Querstrich ziehe«
Rund um den Potsdamer Platz

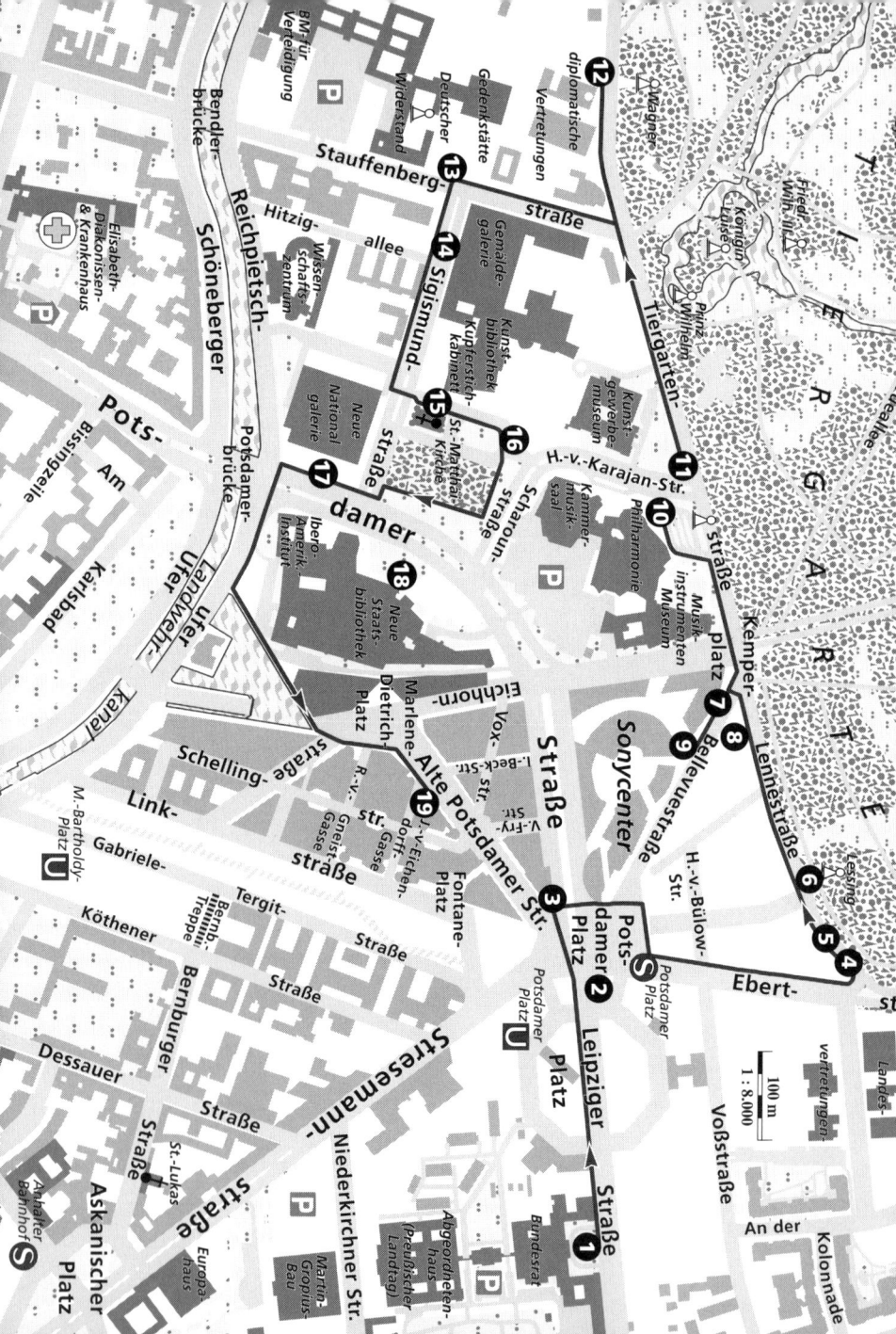

Das Gebiet rund um den Potsdamer Platz bildete das Wohnumfeld in den letzten zweieinhalb Lebensjahrzehnten Fontanes. Hier genoß er das quirlige großstädtische Treiben. Hier traf er sich in den Cafés mit Freunden und Bekannten. Von hier aus startete er zu den täglichen Spaziergängen im Tiergarten. In seinen Briefen und Tagebuchnotizen, in den Romanen »Irrungen und Wirrungen«, »Die Poggenpuhls« oder »Cécile« nimmt er immer wieder Bezug auf die Gegend. Wir beginnen unseren Rundgang am Gebäude des Bundesrats.

❶ Ehemaliges Palais Mendelssohn, heute Bundesrat
Leipziger Straße 3/4

An dieser Stelle hatte 1825 der Bankier Abraham Mendelssohn das alte Groebensche Palais erworben und umbauen lassen. In dem offenen, gastfreundlichen Haus verkehrten Frédéric Chopin, Bettina von Arnim, Ludwig Devrient, Alexander von Humboldt, die Brüder Schlegel und viele andere Persönlichkeiten des Kultur- und Geisteslebens. Für die im Hause stattfindenden »Sonntagsmusiken« schuf der jugendliche Felix Mendelssohn Bartholdy eine Vielzahl von Kompositionen, die er mit seiner Schwester Fanny aufführte.

Felix Mendelssohn Bartholdy (1809–1847) ließ mit der Ouvertüre zu Shakespeares *Sommernachtstraum* bereits als 16jähriger die Musikwelt aufhorchen. 1826 wurde er an der Berliner Universität immatrikuliert und hörte

Fanny Hensel. Zeichnung von W. Hensel, 1829, und Felix Mendelssohn Bartholdy. Zeichnung von J. J. Schmeller

Das Palais Mendelssohn, 1897

Vorlesungen zur Ästhetik bei Georg Wilhelm Friedrich Hegel und zur Geschichte bei Eduard Gans. Nach dem Tod seines Lehrers Carl Friedrich Zelter (vgl. S. 37 f.) bewarb er sich 1832 um das Amt des Dirigenten der Berliner Singakademie, unterlag bei der Wahl jedoch dem älteren Carl Friedrich Rungenhagen. 1833–34 leitete er das Niederrheinische Musikfestival in Düsseldorf und trat ein Jahr später die Stelle als Gewandhauskapellmeister in Leipzig an. Seine Versuche, in Berlin eine Anstellung zu finden, scheiterten hingegen. Kurz vor seinem Tod war er dennoch entschlossen, endgültig in die preußische Hauptstadt zurückzukehren. Mit seinem kompositorischen Schaffen, das Lieder, Oratorien, Schauspielmusiken, Sinfonien, Kla-

vier- und Violinkonzerte umfaßt, erlangte er Weltruf. Daneben machte er sich auch um die Wiederentdeckung des Bachschen Werks verdient. Seine Aufführung der *Matthäus-Passion* in der Singakademie, 1829, bezeichnet den Beginn der modernen Bach-Pflege. Im Schatten des berühmten Bruders stehend, blieb das musikalische Wirken Fanny Mendelssohns (1805–1847), die den Maler und Zeichner Wilhelm Hensel heiratete, weitgehend unbeachtet. Erst heute findet auch ihr kompositorisches Schaffen Anerkennung.

Nach dem Abriß des Palais' Mendelssohn entstand auf den zwei Grundstücken 1892–1904 das Preußische Herrenhaus. Das Giebelrelief mit der Borussia und den allegorischen Figuren stammt von dem Bildhauer Otto Lessing. Ihn und seine Frau,»die 28 ist und wie 18 wirkt; ganz wie junges Mädchen«, hatte Fontane 1881 bei einem Diner des Besitzers der *Vossischen Zeitung*, Carl Robert Lessing, kennengelernt. Der Gebäudekomplex wurde 1998–2000 zum Sitz des Bundesrats umgebaut.

Schräg gegenüber sehen wir das Mosse Palais, das als erstes Neubauvorhaben am Leipziger Platz (Nr. 15) 1997 fertiggestellt wurde. Auf dem Grundstück stand einst das Wohnhaus von Rudolf Mosse (1843–1920). Der gelernte Buchhändler, der 1867 ein Annoncenblatt gegründet hatte, wurde einer der bedeutendsten Zeitungsverleger Berlins.
Wir gehen weiter zum Potsdamer Platz.

➋ Schauplatz des Romans
Die Poggenpuhls
Potsdamer Platz

1831 erhielt das vor dem Stadttor gelegene Areal den Namen Potsdamer Platz. Mit der Eröffnung der Berlin-Potsdamer Eisenbahnstrecke 1838 entwickelte sich das Terrain mehr und mehr zu einem Angelpunkt des Verkehrs und des modernen Berliner Lebens. Fontane legt Eberhard von Poggenpuhl, dem »Onkelgeneral«, ein hinreißendes Plädoyer für den Potsdamer Platz in den Mund:
»›Und du wirst bei uns wohnen‹, sagte die Majorin. ›Wir können dir nicht viel bieten, aber wir haben doch die Aussicht auf den Matthäi . . .‹
›Ich weiß, Albertine‹, sagte der Gene-

ral. ›Alles sehr schön. Aber offen gestanden, ich ziehe den Potsdamer Platz vor, weil da das meiste Leben ist. Und Leben ist nun mal das Beste, was eine große Stadt hat. Das fehlt uns in Adamsdorf. Ich bin also wieder im ›Fürstenhof‹ abgestiegen, bin da schon bekannt, und wahrhaftig, es sieht beinahe so aus, als freuten sich alle, wenn ich komme.‹
›Wird auch wohl so sein.‹
›Und wenn ich mich da morgens ins Fenster lege, links und rechts ein Sofakissen unterm Arm, und die frische Winterluft kommt so vom Hall'schen Tor her – was ich mir gönnen kann, weil ich dran gewöhnt bin, denn von unsrer alten Koppe herunter pustet es noch ganz anders –, und ich habe dann so Café Bellevue und Josty vor mir, Josty mit dem Glasvorbau, wo sie schon von früh an sitzen und Zeitungen lesen, und die Pferdebahnen und Omnibusse kommen von allen Seiten heran, und es sieht aus, als ob sie jeden Augenblick ineinanderfahren wollten, und Blumenmädchen dazwischen (aber es sind eigentlich Stelzfüße), und in all dem Lärm und Wirrwarr werden dann mit einem Male Extrablätter ausgerufen, so wie Feuerruf in alten Zeiten und mit einer Unkenstimme, als wäre wenigstens die Welt untergegangen – ja, Kinder, wenn ich das so vor mir habe, da wird mir wohl, da weiß ich, daß ich mal wieder unter Menschen bin, und darauf mag ich nicht gern verzichten.‹«
In den 20er Jahren des vorigen Jahrhunderts wurde der Potsdamer Platz zu einem der Treffpunkte des mondänen Berlins. Im Zweiten Weltkrieg

Der Potsdamer Platz mit »Fürstenhof« (re.)

weitgehend zerstört, dämmerte das Gelände während der Teilung Berlins als Stadtbrache vor sich hin. Heute ist das neubebaute Areal wieder ein Anziehungspunkt geworden.
Wir überqueren jetzt den Platz und kommen zur Ecke Alte Potsdamer Straße.

❸ Ehemalige Wohnung von Wilhelm von Merckel, heute Bürohochhaus Alte Potsdamer Straße 1

Dort, wo sich heute das an amerikanische Bauten der 30er Jahre erinnernde Hochhaus erhebt, stand ein Wohnhaus, in dem der Jurist und Schriftsteller Wilhelm von Merckel (1803–1861) lebte. Er war als Kammergerichtsrat tätig und leitete 1850 zeitweilig das »Literarische Kabinett«. Fontane war mit Merckel im »Tunnel« bekannt geworden.

»Ich hatte mich seinerseits allerhand kleiner Auszeichnungen zu erfreuen, aber es kam zu keinem persönlichen Verkehr, bis das Jahr 1850 auch darin einen Wandel schuf. Unmittelbar nach der Schlacht bei Idstedt ging ich von Berlin fort, um, wie so viele, die mit ihrem Leben nichts Rechtes anzufangen wußten – ein Fall, der bei mir, der ich damals im fünften Jahre verlobt

war, eminent zutraf –, in die schleswig-holsteinische Armee einzutreten.
Was von patriotischem Gefühl so nebenher noch mit unterlief, davon will
ich hier nicht reden. Ich nahm von den
Berliner Freunden Abschied, natürlich
auch vom Tunnel, wo man mir, eh’ ich
noch allen ein Lebewohl gesagt hatte,
ganz en passant erzählte, daß unser
Immermann (W. von Merckel) Chef
der ministeriellen Preßabteilung, des
sogenannten ›Literarischen Büros‹, geworden sei. Bei der Aufregung, in der
ich mich befand, war ich ziemlich
gleichgültig gegen diese Mitteilung,
die ich nur so obenhin mit anhörte,
nicht ahnend, welche Bedeutung ge

rade sie für mich gewinnen sollte.
Den einunddreißigsten Juli brach ich
auf. Ich installierte mich in Altona,
kam aber über diese Etappe nicht hinaus, denn schon den zweiten Tag danach erreichte mich ein eingeschriebener Brief von halb dienstlichem
Charakter, in dem der neue Chef der
ministeriellen Preßabteilung, W. von
Merckel, mir eine diätarische Stellung
in seinem Literarischen Büro anbot.
Auch die Summe, die mir bewilligt
werden könne, war genannt. Das alte
›Jetzt oder nie‹ stand mir sofort vor der
Seele; der Egoismus war stärker als der
Patriotismus, ich nahm an, und ehe der
Herbst auf die Neige ging, war ich als

›Diätar im Preßbüro‹ installiert und sogar verheiratet.«

Die Anstellung währte bekanntlich nur zwei Monate. Aber durch Merckel, den »freundlich-väterlichen Helfer«, erfuhr die junge Familie Fontane in den folgenden Jahren mannigfaltige Unterstützung, auch finanzielle. Umgekehrt blieb, nach dem Tode ihres Mannes, Henriette von Merckel, »Tante Merckel«, ein häufiger und gern gesehener Gast im Hause der Fontanes.

Wir wenden uns dem rechts benachbarten Sony-Center zu. In dem weitläufigen Komplex mit der asymmetrischen Dachkonstruktion sind außerdem die Deutsche Mediathek, die Deutsche Film- und Fernsehakademie und die Stiftung Deutsche Kinemathek untergebracht. Die erhalten geblieben und denkmalgeschützten Teile des Hotels »Esplanade« wurden mit dem legendären »Kaisersaal« in den Bau eingefügt.

Wir überqueren nun nochmals den Potsdamer Platz, folgen der Ebertstraße und gelangen zur neu angelegten Straße In den Ministergärten. Hier haben sich die Landesvertretungen von Brandenburg, Mecklenburg-Vorpommern, Niedersachsen, Schleswig-Holstein, Hessen, Rheinland-Pfalz und des Saarlands angesiedelt. Nördlich der Ministergärten begann Ende 2001 der Bau der Holocaust-Gedenkstätte nach den Entwürfen von Peter Eisenman. Auf der gegenüberliegenden Seite der Ebertstraße zweigt die Lennéstraße ab.

Lennéstraße, 1879

❹ Schauplatz des Romans *Cécile* Lennéstraße

In dieser Straße findet in Fontanes Roman *Cécile,* erschienen 1887, der Zivilingenieur von Gordon-Leslie eine Wohnung: »Unter solchem Selbstgespräche war er bis an das Tiergarten-Hotel und gleich danach bis in die unmittelbare Nähe der Lennéstraße gekommen. Aber zu Hause, zwischen Alltagsmöbeln und bei nichts besserem als zwei Schweizerlandschaften in Öldruck, die schon unter gewöhnlichen Verhältnissen eine Qual für ihn waren, sich einzupferchen, widerstand ihm heute doppelt, und so ging er an seiner Wohnung vorüber und auf eine Bank zu, die, trotzdem die Oktobersonne einladend darauf schien, unbesetzt war.«

Parallel zur Lennéstraße verläuft ein kleiner Parkweg, an dem das Denkmal für Gotthold Ephraim Lessing steht. Das Marmorstandbild wurde 1890 aufgestellt. Sein Schöpfer Otto Lessing war der Urgroßneffe des Dichters.

Die Lennéstraße, am südlichen Rand des Tiergartens, war im 19. Jahrhundert eine der besten Adressen Berlins. Sowohl der Landschaftsarchitekt Peter Joseph Lenné, Namensgeber der Straße, als auch der Baumeister Friedrich August Stüler hatten hier ihre Häuser. Keines der Häuser hat die Zeitläufte überdauert.

❺ Ehemalige Wohnung der Gebrüder Grimm Lennéstraße 8

Zu den namhaften Bewohnern der Straße zählten 1841–46 die Gebrüder Grimm. Auch ihr Haus ist nicht erhalten geblieben. Wegen ihres Protests gegen den Verfassungsbruch durch den hannoverschen König Ernst August waren die beiden Wissenschaftler aus Göttingen ausgewiesen worden. Jacob Grimm (1785–1863) und Wilhelm Grimm (1786–1859) folgten daraufhin 1841 einem Ruf an die Berliner Akademie der Wissenschaften. Die seit 1812 von beiden gesammelten Kinder- und Hausmärchen erlangten weltliterarische Wirkung. Mit ihren sprach- und literaturwissenschaftlichen Forschungen erarbeiteten die Gebrüder darüber hinaus entscheidende Grundlagen der Germanistik. Die Herausgabe des *Deutschen Wörterbuches* ab 1852 bildete den Höhepunkt ihres gemeinsamen Schaffens.

**Jacob und Wilhelm Grimm.
Radierung von
Ludwig Emil Grimm, 1843**

❻ Schauplatz der Erzählung *Stine*
Der Tiergarten

Berlins zentraler Stadtpark gehörte einst zu einem ausgedehnten Waldgebiet, das seit Anfang des 16. Jahrhunderts als landesherrliches Jagdrevier genutzt wurde. In den 30er und 40er Jahren des 19. Jahrhunderts schuf Peter Joseph Lenné aus dem bis dahin in einigen Teilen noch urwaldähnlichen Gelände einen Landschaftspark.

Fontanes Tagebücher vermelden ungezählte Spaziergänge im Tiergarten. Manchmal unternahm er die Wanderungen mit Freunden, manchmal traf er sie zufällig. Angeregte Gespräche entwickelten sich. Und so wie er selber den Park nutzte, um sich an der frischen Luft Bewegung zu verschaffen, mit anderen ins Gespräch zu kommen oder auf einsamen Wegen ungestört nachdenken zu können, so nutzen ihn auch die Figuren seiner Romane. In *Stine* ist es Graf Waldemar, der sich während eines Tiergartenspaziergangs unvermittelt über seine persönliche Situation klar wird.

»Nun schwieg die Musik drüben, und Waldemar, während er zwischen den großen Rondelen auf und ab schlenderte, musterte zugleich die Figuren, die hier mit Hilfe von Sternblumen und roten Verbenen in den Rasen eingezeichnet waren; endlich aber ging er auf eine Bank zu, die, von allerlei dicht dahinter stehendem Strauchwerk überwachsen, einen vollen Schatten gewährte. Da nahm er Platz, denn er war müde geworden. Das viele Gehen in der Hitze hatte seine Kräfte verzehrt, und so schloß er unwillkürlich die Augen und fiel in Traum und Vergessen. Als er wieder erwachte, wußte er nicht, ob es Schlaf oder Ohnmacht gewesen; ›ich glaube, so kommt der Tod‹, und erst allmählich fand er sich wieder zurecht und bemerkte nun ein Marienwürmchen, das sich ihm auf die Hand gesetzt hatte. Da blieb es und kroch hin und her, trotzdem er schüttelte und pustete. ›Einen wie feinen Instinkt die Tiere haben; es weiß, daß es sicher ist.‹ Endlich aber flog es doch fort, und Waldemar, sich vorbeugend von seiner Bank, begann jetzt allerlei Figuren in den Sand zu zeichnen, ohne recht zu wissen, was er tat. Als er sich's aber bewußt wurde, sah er, daß es Halbkreise waren, die sich, erst enge, dann immer weiter und größer, um seine Stiefelspitze herumzogen. ›Unwillkürliches Symbol meiner Tage. Halbkreise! Kein Abschluß, keine Rundung, kein Vollbringen ... Halb, halb ... Und wenn ich nun einen Querstrich ziehe‹ (und er zog ihn wirklich), ›so hat das Halbe freilich seinen Abschluß, aber die rechte Rundung kommt nicht heraus.«

Auch die im spitzen Winkel an die Lennéstraße heranführende Bellevuestraße, an deren nordwestlichem Ende das Schloß Bellevue steht, der heutige Sitz des Bundespräsidenten, hat mehrfach mit Fontane und seinem Werk zu tun.

Bellevuestraße, um 1910

❼ Schauplatz der Romane
Irrungen und Wirrungen und *Cécile*
Bellevuestraße

Die Bellevuestraße wurde zur Adresse gleich zweier Fontanescher Helden. Baron Botho von Rienecker aus dem Roman *Irrungen und Wirrungen* mietet hier eine Parterrewohnung, und Gordon-Leslie aus *Cécile* findet nach seiner Rückkehr nach Berlin in dem in der Straße gelegenen »Hôtel du Parc« eine Unterkunft.

»Das Zimmer, das ihm angewiesen wurde, lag eine Treppe hoch, nach der Bellevuestraße hinaus, und hatte den Blick auf das von Bäumen umstellte Podium, auf dem er ehedem, wenn er vom Hafenplatze kam, manch glückliche Stunde verplaudert hatte. Das lag nun zurück, und auch die Szenerie war nicht mehr dieselbe. Die Kastanienbäume, die damals, wenn auch schon angegelbt, noch in vollem Laube gestanden hatten, zeigten jetzt ein kahles Gezweig, und vom Dach her, just an der Stelle, wo man den ganzen sommerlichen Tisch- und Stühlevorrat übereinandergetürmt hatte, fiel der Regen in ganzen Kaskaden auf das Podium nieder.«

Die heutige Bellevuestraße erinnert in nichts mehr an die Fontane-Zeit. Die gesamte historische Bebauung ging verloren. Im 19. Jahrhundert wohnten hier der Dichter Joseph von Eichen-

*dorff und der Lustspielautor David
Kalisch, und 1920 stieg der expressio-
nistische Dramatiker Georg Kaiser,
trotz finanziellen Engpasses, im No-
belhotel »Esplanade« ab.*

❸ Ehemaliges Restaurant »Bei Georges« Bellevuestraße 8 und 9 / Ecke Lennéstraße

Nach der Trauung in der Klosterstraße
(vgl. S. 80 ff.) feierten Emilie und
Theodor Fontane in einem Eckhaus an
dieser Stelle ihre Hochzeit. »Ich habe
viele hübsche Hochzeiten mitgemacht,
aber keine hübschere als meine eigne.
Da wir nur wenig Personen waren,
etwa zwanzig, so hatten wir uns auch
ein ganz kleines Hochzeitslokal ausge-
sucht, und zwar ein Lokal in der Bellevuestraße – schräg gegenüber dem jet-
zigen Wilhelmsgymnasium –, das ›Bei
Georges‹ hieß und sich wegen seiner
›Spargel und Kalbskotellets‹ bei dem
vormärzlichen Berliner eines großen
Ansehen erfreute . . .
Schultz brachte sehr reizend den Toast
auf das Brautpaar aus, und was das
Reizendste für mich war, war, daß
ein Bräutigam nicht zu antworten
braucht. Ich beschränkte mich auf
Kuß und Händedruck und aß ruhig
und ausgiebig weiter, was, wie ich gern
glaube, einen ziemlich prosaischen
Eindruck gemacht haben soll. Als mir
Schultz eine Weile schmunzelnd zuge-
sehen hatte, sagte er zu meiner Frau:
›Liebe Emilie, wenn der so fortfährt,
so wird seine Verpflegung Ihnen allerhand Schwierigkeiten machen.‹
Diese Schwierigkeiten waren denn

auch bald da: Schon nach anderthalb
Monaten flog meine ganze wirtschaftliche Grundlage, das ›Literarische Büro‹, in die Luft.«
*Im folgenden sei lediglich auf einige
wichtige Wohnadressen hingewiesen.
Die Grundstücksstandorte sind heute
jedoch nicht mehr zu erkennen.*

❾ Bellevuestraße

Zu den Schülern des von Fontane erwähnten Königlichen Wilhelm-Gym-
nasiums gehörte auch der spätere
Dadaist und Verfasser zeitkritischer
Chansons und Dramen Walter Mehring (1896–1981). In der Nazizeit
hatte in dem Gebäude der berüch-
tigte »Volksgerichtshof« unter Roland
Freisler seinen Sitz. Hier wurden zahllose Widerstandskämpfer, u. a. Angehörige des »20. Juli«, in demütigenden
Prozessen zum Tode verurteilt.
In der Bellevuestraße 13, einem Haus,
das sich nahe der Ecke Viktoriastra-
ße (heute Entlastungsstraße) befand,
mietete 1859 der Schriftsteller und
Politiker Ferdinand Lassalle (1825–
1864) eine repräsentative Wohnung.
Berühmt waren seine aufwendigen
Empfänge. Zu seinen Gästen zählten
so unterschiedliche Persönlichkeiten
wie der Verleger Franz Duncker und
dessen Frau Lina, der Diplomat Varnhagen von Ense, der Landschaftsarchitekt und Schriftsteller Fürst von
Pückler-Muskau oder der Satiriker
und Herausgeber des *Kladderadatsch*,
Ernst Dohm. 1861 wohnte zwei Monate lang Karl Marx bei ihm.
Lassalle hatte sich unter dem Einfluß
der Schriften Hegels, Heines und Lud-

wig Börnes sowie der utopischen Sozialisten zum revolutionären Demokraten entwickelt. 1859 erschienen sein wissenschaftliches Erstlingswerk *Der italienische Krieg und die Aufgaben Preußens* sowie seine historische Tragödie *Franz von Sikkingen.* Er gehörte 1863 in Leipzig zu den Gründern des Allgemeinen Deutschen Arbeitervereins, dessen erster Präsident er wurde. Ziel dieser ersten selbständigen Organisation der deutschen Arbeiterschaft war es, über Wahlen und die Gründung von Produktionsgenossenschaften eine allmähliche sozialisti-

Walter Mehring

Ferdinand Lassalle. Porträt
von Theodor Hosemann

sche Umgestaltung der Gesellschaft zu erreichen.

Während Fontane zum zweitenmal als Korrespondent in London war, zog Emilie Fontane 1856 in eine Mansardenwohnung in der Bellevuestraße 16. Bei der Wohnungssuche hatten die befreundeten von Merckels geholfen. Hier wurde 1856 Sohn Theodor, »Theo«, geboren. Fontane kam im März/April 1857 zu Besuch. Ende Juli gelang es ihm endlich dauerhaft, Frau und Kinder zu sich nach London zu holen. Es bedurfte dazu eines zähen Ringens mit der »Zentralstelle für Preßangelegenheiten«, ehe der Familienumzug vonstatten gehen konnte und Fontane zum erstenmal abgesichert war.

»Der Schluß, den ich aus dem allem ziehe, ist der: ich kann nicht deshalb, weil ich in Berlin Nahrungssorgen ge-habt habe und bei höchster Einschrän-kung nicht auskommen konnte, ich kann, sage ich, nicht deshalb unter allen Umständen in London bleiben, unter Verhältnissen, die, wenn man knapsen und knausern will, auch nahe an die Nahrungssorgen streifen und all des Reizes entbehren, den mein früheres Leben trotz seiner oft nieder-drückenden Dürftigkeit gehabt hat. Was ich also fordre, ist das: 1. ich will nicht noch jahrelang von meiner Fami-lie getrennt sein, und 2. sichert mir so-viel Geld zu, als nötig ist, mit meiner Familie in London zu leben. Ich ver-lange zu diesem Zweck keine Zulage, nur Garantierung dessen, was ich jetzt habe. Du mußt nämlich wissen, daß von Streichung der 40 Rtl. früher öf-ters die Rede war«, hatte Fontane noch am 18. März 1857 an seine Frau geschrieben.

Das Haus mußte 1907 dem benach-barten Hotel »Esplanade« weichen.
Wir verlassen die Bellevuestraße, überqueren den Kemperplatz und gehen auf der Tiergartenstraße bis zur Ecke Herbert-von-Karajan-Straße weiter.

❿ Philharmonie
Herbert-von-Karajan-Straße 1

Die Idee eines Kulturforums an dieser Stelle war nach dem Zweiten Welt-krieg von Hans Scharoun entwickelt worden. Als erster Bau entstand 1960–63 nach seinen Plänen die Phil-harmonie. Mit ihrer ungewöhnlichen Silhouette und der goldeloxierten Fas-sade gehörte sie bald zu den Wahrzei-chen der Stadt. Das Haus ist Sitz des 1882 gegründeten Berliner Philharmo-nischen Orchesters. Schon im 19. Jahr-hundert gelang es, mit Hans von Bü-

Herbert von Karajan und die Berliner Philharmoniker. Eröffnung der Philharmonie, 1963

low und Arthur Nikisch bedeutende Dirigenten zu verpflichten. In den 20er Jahren konnte mit Wilhelm Furtwängler ein weiterer Ausnahmedirigent gewonnen werden. Unter den Nationalsozialisten zum Staatsorchester umfunktioniert, gelang es den Philharmonikern dennoch, sich eine gewisse Selbständigkeit zu bewahren.

Die Nachkriegsära ist vor allem mit dem Wirken eines Mannes, Herbert von Karajan (1908–1989), verbunden. Er wurde 1954 von den Orchestermitgliedern zum ständigen Dirigenten und künstlerischen Leiter gewählt. Mit den Musikern erarbeitete er in den folgenden vier Jahrzehnten die vielgerühmte Perfektion und Spielkultur des Klangkörpers. Nach dem Tod Karajans trat Claudio Abbado das Amt des Chefdirigenten an. Seit 2002 wird das weltbekannte Orchester von Sir Simon Rattle geleitet. In den Konzertprogrammen hat neben den Werken der Klassik und Romantik auch das gegenwärtige Musikschaffen einen festen Platz.

Das alte Tiergartenviertel etablierte sich um die Mitte des 19. Jahrhunderts als Wohnquartier der Begüterten und Prominenten. Die historische Bebauung fiel den größenwahnsinnigen Planungen Hitlers und Speers für eine Welthauptstadt Germania zum Opfer. Von Scharouns Mitarbeiter Edgar Wisnewski wurde 1978–84 der Komplex des Musikinstrumenten-Museums und des Staatlichen Instituts für Musikforschung, Tiergartenstraße 1, errichtet. Auf dem heute unbebauten Grundstück Tiergartenstraße 4 / Ecke Herbert-von-Karajan-Straße erinnert eine in den Boden eingelassene Gedenktafel an die »Aktion T 4« von 1940, den ersten von den Nazis organisierten Massenmord. Die Opfer waren behinderte und geistig kranke Menschen.

An der anderen Ecke Tiergartenstraße / Herbert-von-Karajan-Straße befand sich die

❿ Ehemalige Wohnung von Joseph von Eichendorff Tiergartenstraße 5, heute Grünfläche

Hierher zog 1841 Joseph von Eichendorff (1788–1857), nachdem ihm die Bellevuestraße zu laut geworden war. Der soeben zum Geheimen Regierungsrat Ernannte, der in der Stadt schmerzhaft Natur und Landleben vermißte, pflegte, so oft es ging, den

Joseph von Eichendorff, 1832. Lithographie nach einer Zeichnung von Franz Kugler, 1832

Tiergarten aufzusuchen. Auf seinen Spaziergängen führte er, zum Schrekken der Promenierenden, regelmäßig eine Schlange mit sich. 1844 quittierte er, gesundheitliche Probleme zum Anlaß nehmend, den Dienst im Kultusministerium, um sich fortan ganz der Schriftstellerei zu widmen. Nach mehrjähriger Abwesenheit kehrte er 1850 noch einmal für fünf Jahre nach Berlin zurück.

Unter dem Pseudonym Florens hatte er bereits als Student erste lyrische Texte veröffentlicht. Viele seiner bilderreichen, voller Musikalität stekkenden Gedichte wurden von Komponisten wie Franz Schubert, Felix Men-

delssohn Bartholdy oder Robert Schumann vertont und erreichten die Popularität von Volksliedern *(In einem kühlen Grunde, Wem Gott will rechte Gunst erweisen)*. 1815 trat er mit dem Roman *Ahnung und Gegenwart* hervor. Seine berühmteste Erzählung ist jedoch bis heute die Novelle *Aus dem Leben eines Taugenichts* (1826) geblieben. Eichendorffs Schaffen übte auf nachfolgende Dichtergenerationen, darunter Theodor Storm und Hermann Hesse, eine große Wirkung aus.

Wir gehen am Kunstgewerbemuseum (Nr. 5–11), der benachbarten Österreichischen Botschaft (Nr. 12–14) und der Landesvertretung Baden-Württembergs (Nr. 15) vorbei. Gegenüber der Indischen Botschaft (Nr. 16/17) steht das Denkmal für den Komponisten Richard Wagner.

⓬ Ehemaliges Wohnhaus von Hedwig Dohm Tiergartenstraße 19, z. Zt. Grünfläche
Hier, neben der heutigen Indischen Botschaft, wohnte die Witwe des Schriftstellers Ernst Dohm. Hedwig Dohm (1833–1919) gehörte zu den frühen Frauenrechtlerinnen und trat selbst erfolgreich als Autorin hervor. Sie war die Großmutter von Katja Pringsheim, der Frau von Thomas Mann. Bei Berlin-Besuchen fanden die Manns stets Zeit, ihr einen Besuch in der Tiergartenstraße abzustatten. 1905 stellten sie der »Little grandma« ihre Kinder vor. Hedwig Dohm starb 1919 mit 86 Jahren. In seinem Vers-

»Little grandma« Hedwig Dohm

idyll *Gesang vom Kindchen*, das er im selben Jahr verfaßte, hat Thomas Mann ein einprägsames Porträt von ihr gezeichnet.

Als Hausautor des früher in Berlin ansässigen S. Fischer Verlages weilte Thomas Mann (1873–1955) häufig zu Manuskriptbesprechungen und Vorträgen in der Stadt. 1926 wurde er Mitglied der Preußischen Dichterakademie, 1929 erhielt er für seinen Roman *Buddenbrooks* den Literaturnobelpreis. München blieb hingegen weiterhin die Stadt seiner Wahl. Dennoch bestand eine nie abreißende Verbindung zu Berlin: nicht unbedingt zu der Stadt selbst, sondern zu ihrem bedeutendsten Erzähler Theodor Fontane, als dessen literarischer Nachfahre er sich verstand. Als 1910 das Fontane-Denkmal in Berlin enthüllt wurde, schrieb Thomas Mann in der *BZ am Mittag*, daß er für den Dichter »Unendliche Liebe, unendliche Sympathie und Dankbarkeit, ein Gefühl tiefer Verwandtschaft ...« empfinde. Eine Kopie des Fontane-Denkmals steht an der nicht sehr weit entfernten Thomas-Dehler-Straße, dem ursprünglichen Standort. Das Original aus Marmor befindet sich heute im Lapidarium des Botanischen Gartens. *Wir gehen auf der Tiergartenstraße zurück bis zur*

Claus Schenk Graf von Stauffenberg

⑱ Stauffenbergstraße, früher Bendlerstraße

Die Bendlerstraße wurde 1955 zu Ehren von Claus Schenk Graf von Stauffenberg (1907–1944) umbenannt. Stauffenberg entstammte einer schwä-bischen Adelsfamilie, die mit den Yorks und Gneisenaus verwandt war. Der Familientradition folgend, wurde er Berufssoldat und trat 1926 als Leutnant in die Reichswehr ein. Während des Dritten Reichs zunächst Karriere machend und in den Generalstab berufen, reifte angesichts der verbrecherischen Kriegsführung die Einsicht, daß nur die Zerschlagung der Nazidiktatur eine Katastrophe von Deutschland abwenden könne. 1942 nahm er Kontakt zur Widerstandsbewegung auf. Unter Einsatz seines Lebens entschloß er sich, Hitler durch ein Attentat zu beseitigen. Die am 20. Juli 1944 durchgeführte Aktion schlug jedoch fehl. Stauffenberg wurde mit anderen Gefährten noch am selben Tag

im Hof des »Bendlerblocks«, dem ehemaligen Oberkommando der Wehrmacht, standrechtlich erschossen.
Heute dient der Gebäudekomplex dem Bundesministerium für Verteidigung als zweiter Dienstsitz. Im Hof erinnert ein Mahnmal an Stauffenberg und seine Mitkämpfer. Es ist Teil der Gedenkstätte und der ständigen Ausstellung zum Deutschen Widerstand.
Von der Stauffenbergstraße biegen wir links in die Sigismundstraße ein.

⓮ Ehemalige Wohnung von Adolph von Menzel
Sigismundstraße 3
1875 mieteten der Königliche Musikdirektor Hermann Krigar und seine Frau Emilie hier eine Wohnung. Im Haushalt lebte auch Emilies unverheirateter Bruder, der Maler, Graphiker und Zeichner Adolph Menzel (1815–1905). Es war sein letztes Atelier.
In Breslau als Sohn eines Lithographen geboren, versuchte sich Menzel schon mit 14 Jahren an der Kunst des Steindrucks. 1830 übersiedelte die Familie nach Berlin. Als der Vater starb, übernahm er 1832 die Werkstatt und bildete sich autodidaktisch weiter. Ein Studium an der Kunstakademie brach er ab. Anfänglich beeindruckt von den Malern Franz Krüger und Karl Blechen, fand er bald seinen eigenen künstlerischen Weg. Mit Buchillustrationen, darunter den Lithographien *Denkwürdigkeiten aus der Brandenburgisch-Preußischen Geschichte* und den Holzstichen zu Franz Kuglers *Geschichte Friedrichs des Großen*, errang er erste Erfolge. Die Holzschnei-

Adolph von Menzel, um 1850

detechnik wie auch die Graphik insgesamt erhielten durch Menzel neue Anregungen.
Ab den 40er Jahren wandte er sich verstärkt der Malerei zu und griff mit Vorliebe solche Themen auf, die bis dahin als »unwürdig« in der Kunst gegolten hatten: *Das Balkonzimmer* (1845), *Weiden mit Bauplatz* (1846), *Berlin-Potsdamer Eisenbahn* (1847). Die bereits hier in den Gemälden erkennbaren impressionistischen Züge verstärkten sich nach den Paris-Auf-

enthalten von 1855 und 1867/68. Neben historischen Sujets (*Flötenkonzert von Sanssouci, 1850*) waren es immer wieder die Bereiche des täglichen Lebens, denen sich der besessene Zeichner und Maler zuwandte. In dem 1875 fertiggestellten Gemälde *Eisenwalzwerk* rückte er als erster deutscher Künstler die industrielle Arbeitswelt in den Mittelpunkt der Darstellung. Im Alter mit Ehrungen überhäuft, wurde er 1898 von Kaiser Wilhelm II. in den erblichen Adelsstand erhoben.

Fontane, der Menzel aus dem »Tunnel« kannte, hat seine Wertschätzung für ihn mehrfach in Gedichten ausgedrückt. Unter einen Gruß in Versform, den er dem Maler 1855 aus London übersandte, setzte er die Zeilen: »Daß ich … nicht dazugekommen bin, mit Ihnen in Paris Bilder zu verschlingen, werd ich ewig bedauern. Leben Sie wohl und zeigen Sie der Welt bald einmal wieder, was eine Harke ist.«

Wir folgen der Sigismundstraße und kommen zum Matthäikirchplatz und zur 1992–98 erbauten Gemäldegalerie, die neben wechselnden Ausstellungen Meisterwerke der Malerei vom 13. bis 18. Jahrhundert präsentiert.

**⓯ St. Matthäi-Kirche
Matthäikirchplatz**
Die Backsteinkirche wurde 1844–46 nach einem Entwurf von Stüler erbaut. Von den Abrissen der Nazizeit verschont geblieben, erlitt das Bauwerk schwere Schäden im Zweiten Weltkrieg. Die Wiederherstellung erfolgte 1959/60. Gottfried Keller widmete der »Polkakirche«, wie sie im Volksmund hieß, ein satirisches Gedicht. Als »Rendezvous der frommen Lebewelt, der Leutnants und Geheimratstöchter, die zusammen beteten und tanzten«, bezeichnete der literarische Flaneur Franz Hessel später das Gotteshaus.

Der zur Matthäi-Kirche gehörende Gemeindefriedhof an der Großgörschenstraße ist etwas weiter entfernt und liegt nicht auf unserem Spaziergang. Die Gebrüder Grimm, Rudolf Virchow und die 1944 hingerichteten Widerstandskämpfer um Oberst Graf Schenk von Stauffenberg fanden dort ihre letzte Ruhestätte. Auch Franz Kugler wurde hier beigesetzt.

Die Nachricht vom Tode seines Freundes und Förderers ereilte Fontane in London. Der Vermerk im Tagebuch wirkt, wie die Einträge in den folgenden Jahrzehnten beim Tod anderer Freunde und selbst beim Tode seines Sohnes George, emotional eher kühl: »Brief von Merckel: Kugler todt! Brief von Lepel: seine Schwägerin todt! An Merckels, Lepel und Clara Beyer geschrieben. Auf die Gesandtschaft: ›Wer war Kugler?‹. Nach Haus. Zu Beta. Besuch von Frau Dr. Faucher und Frau Heymann. Geplaudert. Gelesen (Neumann).« Erst neun Tage später schickte er einen Brief an Paul Heyse, den Schwiegersohn Kuglers. Emilie übernahm es, an die Witwe zu schreiben.

In der Großgörschenstraße, mit Blick auf den Alten St. Matthäi-Kirchhof, läßt Fontane später die verarmte Majorin Poggenpuhl mit ihren Töchtern als »Trockenwohnerin« ein Unterkommen finden.

Das »Geheimratsviertel« rund um die St. Matthäi-Kirche war seit Mitte des 19. Jahrhunderts ein bei Künstlern und Schriftstellern beliebtes Wohnquartier. Vollständig aus dem Stadtbild verschwunden ist die Matthäikirchstraße. Sie verlief von der Tiergartenstraße in südwestlicher Richtung über den Matthäikirchplatz zur Königin-Augusta-Straße, heute Reichpietschufer.

⓰ Ehemalige Matthäikirchstraße

Im Winter 1921/22 wohnte Carl Zuckmayer (1896–1977) im Souterrain des Hauses Matthäikirchstraße 4. Sein Geld verdiente sich der noch unbekannte Dichter als Schlepper für Nachtlokale, als Kokainhändler und

Carl Zuckmayer

Komparse im Theater. Zusammen mit Brecht holte ihn Max Reinhardt 1924 als Dramaturg ans Deutsche Theater. Mit dem Lustspiel *Der fröhliche Weinberg* gelang Zuckmayer 1925 der Durchbruch als Stückeschreiber. 1931 folgte die Uraufführung seines bekanntesten Theaterstücks *Der Hauptmann von Köpenick*, das noch im selben Jahr verfilmt wurde. Auch als Autor für das junge Medium Tonfilm machte er sich einen Namen. Für Josef von Sternbergs *Der blaue Engel* mit Marlene Dietrich in der Titelrolle schrieb er das Drehbuch. 1933 emigrierte er über die Schweiz und England in die USA. Ab 1958 lebte Zuckmayer in der Schweiz.

1857 zog Fanny Lewald zusammen mit ihrem Mann, dem Schriftsteller und Literaturkritiker Adolf Stahr, in das Haus Matthäikirchstraße 21. Hier trafen sich namhafte Künstler und Literaten, darunter Berthold Auerbach, Franz Liszt und Friedrich Spielhagen, der sie und ihre Salongäste in seinem Roman *Freigeboren* porträtierte.

Fanny Lewald (1811–1889) war mit 17 Jahren vom jüdischen zum christlichen Glauben übergetreten und 1839 aus ihrer Geburtsstadt Königsberg nach Berlin gekommen. Von den Literaten des »Jungen Deutschland« beeinflußt, trat sie ab den 40er Jahren als Erzählerin hervor und führte mit *Jenny* (1843) den Frauenroman in die deutsche Literatur ein. Ihre zeitkritischen Bücher, in denen sie sich mit der jüdischen und Frauenemanzipation beschäftigt, gehörten zu vielgelesenen Werken in der Mitte des 19. Jahrhunderts. Neben Tagebüchern und Me-

Fanny Lewald

⓱ Neue Nationalgalerie
Potsdamer Straße 50
Als zweites Projekt des Kulturforums wurde 1965–68 die Neue Nationalgalerie realisiert. Für die Planungen konnte der seit 1937 im amerikanischen Exil lebende Architekt Ludwig Mies van der Rohe gewonnen werden. Es sollte sein einziges Nachkriegsgebäude in Deutschland und zugleich weltweit sein einziger Museumsbau bleiben. Im Hause wurden die Bestände der Malerei und Plastik des 20. Jahrhunderts zusammengeführt. *Von der Neuen Nationalgalerie aus sehen wir die*

⓲ Neue Staatsbibliothek
Potsdamer Straße 33
Das Gebäude mit seinem hochaufragenden Bücherdepot entstand 1966–78. Für die Planungen hatte wiederum Hans Scharoun verantwortlich gezeichnet. Durch die Teilung Berlins war ein eigener Bau für die Bibliotheksbestände im Westteil der Stadt erforderlich geworden. Der Gebäudekomplex wurde quer über den ursprünglichen Verlauf der Potsdamer Straße gelegt.

Überbaut wurde dadurch auch das Grundstück Potsdamer Straße 20, das 1855 von dem Verlagsbuchhändler und Politiker Franz Duncker (1822–1888) erworben worden war. Außer einem stattlichen Haus gehörte ein weitläufiger Garten zu dem Anwesen. Duncker, der aus einer alteingesessenen Berliner Verlegerfamilie stammte, gründete 1861 zusammen mit den »altliberalen« Mommsen und Vir-

moiren umfaßt ihr vielseitiges Schaffen auch Aufsätze, literarische Porträts und Reisebeschreibungen.

Fontane kannte Fanny Lewald seit Anfang der 50er Jahre persönlich. Er schätzte ihr gewinnendes Wesen, auch den interessanten Freundeskreis, den sie um sich versammelt hatte, hielt aber wenig von ihren literarischen Fähigkeiten.

Über den Matthäikirchplatz gelangen wir zur Potsdamer Straße.

chow die Deutsche Fortschrittspartei. Seit 1865 stand er dem Berliner Handwerkerverein vor (vgl. S. 36 f.). Lina Duncker (1825–1885), seine Frau, führte einen bekannten literarischen Salon, in dem Autoren wie Heyse, Keller oder Lassalle verkehrten. Auch Fontane, der Mitte der 50er Jahre in Kontakt zu den Dunckers getreten war, zählte zeitweilig zu den Gästen. Lina Duncker, die mit Mathilde von Rohr befreundet war, gab ihm 1884 wertvolle Informationen für seine Abhandlung *Christian Friedrich Scherenberg und das literarische Berlin von 1840*. Das Verlegerehepaar wurde in den 70er Jahren geschieden.

Fontane, keinem Gesellschaftsklatsch abhold, vermeldete in einem Brief an seine Tochter, daß Duncker anschließend »ein Gersonsches Putzfräulein heiratete, um dadurch 4 oder 6 Kinder nachträglich zu legitimisiren«.

An der Ecke zum Reichpietschufer überqueren wir die Potsdamer Straße. Wir gehen am Denkmal für Simon Bolivar, den Gründer Boliviens, und am Gebäude des Ibero-Amerikanischen Instituts vorbei. Über den als privat gekennzeichneten Weg gelangen wir zum Marlene-Dietrich-Platz, wo sich das Musicaltheater und die Spielbank Berlin, das Hotel Grand Hyatt sowie das Kino Big Screen, IMAX, befinden.

Fontanes letzte Wohnung, Potsdamer Straße 134 c, 3. Stock

Von hier aus zweigt die Alte Potsdamer Straße ab, die einen Teil des historischen Verlaufs der Potsdamer Straße bezeichnet.

⑲ Ehemalige Wohnung von Theodor Fontane
Alte Potsdamer Straße 11,
früher Potsdamer Straße 134 c

Die im Jahr 2000 enthüllte Gedenktafel an einem der Gebäude des Daimler Chrysler Areals erinnert daran, daß an dieser Stelle das Haus stand, in das die Fontanes am 3. Oktober 1872 zogen. Es war Fontanes letzte Wohnung. Das Gebäude war im Besitz des Johanniter-Ordens. Die Fontaneschen Räume lagen in der dritten Etage, auf der linken Seite. Vier Zimmer, Küche und Kammer standen dem Ehepaar und ihren beiden noch im Haushalt verbliebenen Kindern zur Verfügung. Martha, »Mete«, war zu diesem Zeitpunkt zwölf, Friedrich, »Friedel«, acht Jahre alt. Die monatliche Miete betrug rund 23 Taler, das waren später 70 Mark. Die elterlichen Räume lagen zur Straße, das Kinderzimmer zum Hof.

Die Wohnung war, als die Fontanes sie mieteten, in einem mehr als schlechten Zustand. Sie herzurichten, Schmutz und Wanzen zu beseitigen, kostete viel Energie und Zeit. Auf Anraten des Architekten Richard Lucae wurden auch einige bauliche Veränderungen vorgenommen. Über seine »Dreitreppenklause« schrieb Fontane 1893 in einem Fragment gebliebenen Text: »Mein Bett steht in einem sogenannten Berliner Zimmer (manche sagen

auch ›Saal‹), und da ich einen gesegneten Schlaf habe, so komme ich über die Nacht gut weg, selbst wenn ich mal aufwache, ist alles so dunkel, daß die merkwürdigen architektonischen Linien mich nicht stören können. So geht es bis sieben. Um diese Zeit weckt mich ein Nachbargeräusch mit einer geradezu brutalen Gewalt. Es trifft sich nämlich so unglücklich – und unglücklich ist noch ein mildes Wort –, daß gerade am Kopfende meines Bettes der Closet-Zug des Nachbarhauses verläuft, ein in gräßlichen Gurgeltönen arbeitendes Instrument, das mit einer erstaunlichen Pünktlichkeit und angenehm nur für den, auf den diese

Theodor Fontane, 1874

175

Theodor Fontane und seine Tochter Mete. Arnsdorf 1886

Pünktlichkeit zurückzuführen ist, um sieben Uhr sein Tagewerk beginnt. Für Menschen ohne Phantasie mag das gehen, aber wer alles mit durchlebt, der ist doch beklagenswert. In der Regel schlafe ich trotzdem wieder ein. Um acht oder wenig später werden auf dem sechs Meter im Quadrat großen Hofe Decken geklopft, eh man noch fertig ist, erscheint ein Leierkastenmann. Ein Glück, daß das Deckenklopfen noch nicht ganz fertig ist, so frißt eins das andre auf.«

Die Wohnlage am Rande des Tiergartenviertels durfte durchaus als gutbürgerlich gelten. Das Haus selbst mit seiner schlichten spätklassizistischen Fassade von 1847 und der aus dieser Zeit stammenden ungünstigen Raumaufteilung war jedoch keineswegs erste Wahl.

Trotz relativ beengter Wohnverhältnisse beherbergten die Fontanes immer wieder Verwandte, die zu Besuch in Berlin waren. Die beiden Söhne George und Theodor mußten, wenn sie auf Urlaub kamen, zusätzlich untergebracht werden. Und wie schon in der Hirschelstraße wurde ein reger geselliger Verkehr gepflegt. Einige Freunde, so der Historienmaler August von Heyden (Lützowplatz 13), der Jurist und Akademiesekretär Karl Zöllner (Matthäikirchstraße 10) sowie der Architekt Karl Emil Otto Fritsch (Keithstraße 20), der später Fontanes Tochter Mete heiratete, wohnten in der Nähe. An vielen Sonnabendnachmittagen versammelten sich hier die »Rütli«-Mitglieder. Beliebt waren auch die »Zauberfeste« in der Fontaneschen Wohnung, bei denen im kleinen Kreis ausgiebig getafelt und geplauscht wurde. Ab den späten 8oer Jahren wurde das Leben allmählich stiller. Von den Freunden starb einer nach dem anderen. Unterbrochen von Ferienreisen und Kuraufenthalten, bestimmte das Schreiben nun fast völlig den Alltag. Mete wurde zur unentbehrlichen Stütze der Eltern, insbesondere ihres Vaters.

Im Arbeitszimmer stand, nahe der beiden Fenster, Fontanes großer Schreibtisch, über und über bedeckt mit Briefen und Manuskripten. Hier wurden die mehrbändigen *Wanderungen durch die Mark Brandenburg* beendet, die Theaterkritiken für die *Vossische Zeitung* geschrieben. Hier entstand das Alterswerk, das 13 umfangreiche Erzählungen und Romane umfaßt, die unvollendet gebliebenen Projekte nicht mitgezählt, dazu die autobiographischen Schriften *Meine Kinderjahre* und *Von Zwanzig bis Dreißig*. Auch der Lyrik wandte er sich im Alter wieder zu.

Eine Grippe, die Fontane im Frühjahr 1892 befiel, zog eine ernstlichere Erkrankung nach sich. Er erlitt einen physischen und psychischen Zusammenbruch. Die innere Unruhe, verbunden mit Schlaflosigkeit, die ihn zum Arbeiten unfähig machte, wurde vom Hausarzt Dr. Delhaes mit Morphium behandelt. Dies führte zu einer Vergiftung und weiteren Depressionen. Weder eine dreimonatige Kur im Riesengebirge noch die »elektrische« Behandlung durch einen Psychiater erbrachten eine Besserung des Zustands. Daraufhin setzte Dr. Delhaes alle Medikamente ab und verordnete Fontane

Theodor Fontane an seinem Schreibtisch in der Potsdamer Straße, 1896

das einzige, das noch helfen konnte und letztlich auch half – Schreiben. Allerdings riet der Hausarzt zu einem gemächlicheren Arbeitstempo und zu einem Stoff, der keine Kraftakte erforderte. Warum nicht die Lebenserinnerungen zu Papier bringen? Fontane griff den Vorschlag auf und ließ andere Projekte erst einmal ruhen. Von Oktober 1892 bis zum April des folgenden Jahres verfaßte er *Meine Kinderjahre.* Die Schreibhemmung war überwunden. Lebensfreude stellte sich wieder ein. Schließlich gelang es ihm sogar, das liegengebliebene Manuskript *Effi Briest* wiederaufzunehmen und zu beenden.

Ab 1895 entstand der *Stechlin.* Zu-

nächst hatte Fontane an einen »kleinen politischen Roman« gedacht, der bereits zu Weihnachten auf den Markt kommen sollte. Doch das Vorhaben wuchs sich aus und wurde zu Fontanes literarischem Vermächtnis. In der Hoffnung, das Werk vorabgedruckt zu sehen, schickte er es im Sommer 1897 an die in Stuttgart ansässige Wochenschrift *Über Land und Meer.* »Die Honorarfrage kann kaum zu Meinungsverschiedenheiten zwischen uns führen, und der Stoff, soweit von einem solchen die Rede sein kann – denn es ist eigentlich bloß eine Idee, die sich einkleidet –, dieser Stoff wird sehr wahrscheinlich mit einer Art Sicherheit Ihre Zustimmung erfahren.

Aber die Geschichte, das, was erzählt wird. Die Mache! Zum Schluß stirbt ein Alter, und zwei Junge heiraten sich; – das ist so ziemlich alles, was auf 500 Seiten geschieht. Von Verwicklungen und Lösungen, von Herzenskonflikten oder Konflikten überhaupt, von Spannungen und Überraschungen findet sich nichts. – Einerseits auf einem altmodischen märkischen Gut, andrerseits in einem neumodischen gräflichen Hause (Berlin) treffen sich verschiedene Personen und sprechen da Gott und die Welt durch. Alles Plauderei, Dialog, in dem sich die Charaktere geben, und mit ihnen die Geschichte. Natürlich halte ich dies nicht nur für die richtige, sondern sogar für die gebotene Art, einen Zeitroman zu schreiben, bin mir aber gleichzeitig nur zu sehr bewußt, daß das große Publikum sehr anders darüber denkt und die Redaktionen (durch das Publikum gezwungen) auch.«

Entgegen seinen Befürchtungen wurde das Manuskript angenommen. Im Oktober 1897 begann der Vorabdruck. Für die Buchausgabe, die im Verlag seines Sohnes Friedrich vorbereitet wurde, brachte Fontane noch einmal umfangreiche Korrekturen an. Aus *Stechlin* wurde schließlich *Der Stechlin*. Das Erscheinen des Buches im Oktober 1898 erlebte Fontane nicht mehr. Er starb am 20. September und wurde vier Tage später auf dem Friedhof der Französisch-Reformierten Gemeinde II beigesetzt (vgl. S. 119 f.). Emilie Fontane zog 1899 in die Elßholzstraße 17, in die Wohnung des Sohnes Friedrich.

Vom unterirdischen Potsdamer Bahnhof, der heute nur noch dem Nahverkehr dient, erreichen wir mit der S-Bahn die Station Unter den Linden und die Friedrichstraße.

Quellenverzeichnis und Zitatnachweis

Albrecht, Günter (Hg.): Lexikon deutschsprachiger Schriftsteller von den Anfängen bis zur Gegenwart. 2 Bde. Leipzig 1967
Bauer, Roland: Berlin. Illustrierte Chronik bis 1870. Berlin 1988
Die Bau- und Kunstdenkmale in der DDR. Hg. vom Institut für Denkmalpflege. Bd 1. Berlin 1983
Berlin: offene Stadt. Die Stadt als Ausstellung. Hg. von den Berliner Festspielen und der Architektenkammer Berlin. 2. Aufl. Berlin 1999
Das Berliner Philharmonische Orchester mit Claudio Abbado. Fotografiert von Cordula Groth. Mit Beiträgen von Helge Grünwald, Hans-Jörg von Jena und Ulrich Meyer-Schoellkopf. Berlin 1994
Bettine. Eine Auswahl aus den Schriften und Briefen der Bettina von Arnim. Auswahl und Einführung von Gisela Kähler. Berlin 1952
Bienert, Michael: Mit Brecht durch Berlin. Frankfurt a. M./Leipzig 1998
Brauneck, Manfred (Hg.): Autorenlexikon deutschsprachiger Literatur des 20. Jahrhunderts. Neuausgabe. Reinbek bei Hamburg 1994
Demps, Laurenz: Die Oranienburger Straße. Von der kurfürstlichen Meierei zum modernen Stadtraum. Berlin 1998
Ders.: Der Pariser Platz. Der Empfangssalon Berlins. Berlin 1995
Ders.: Der Schiffbauerdamm. Ein unbekanntes Kapitel Berliner Stadtgeschichte. Berlin 1995
Ders.: Der schönste Platz Berlins. Der Gendarmenmarkt in Geschichte und Gegenwart. Berlin 1993
Dippel, Gerhardt: Albert Lortzing. Ein Leben für das deutsche Musiktheater. Berlin 1951
Drewitz, Ingeborg: Berliner Salons. Gesellschaft und Literatur zwischen Aufklärung und Industriezeitalter. Berlin 1979
Drude, Otto: Fontane und sein Berlin. Personen, Häuser, Straßen. Frankfurt a. M./Leipzig 1998
Eberhardt, Frank/Löffler, Stefan u. a.: Die Luisenstadt. Geschichte und Geschichten über einen alten Berliner Stadtteil. Berlin 1995
Eckhardt, Ulrich/Nachama, Andreas: Jüdische Orte in Berlin. Mit Feuilletons von Heinz Knobloch. Berlin 1996

Endlich, Stefanie/Wurlitzer, Bernd: Skulpturen und Denkmäler in Berlin. Berlin 1990
Feyerabend, Wolfgang: Hofgeschichte(n). Ein Streifzug durch Berlin. Berlin 2001
Ders.: Quer durch Mitte. Die Friedrich-Wilhelm-Stadt. Berlin 2000
Ders.: Quer durch Mitte. Die Spandauer Vorstadt. Berlin 1999
Ders.: Theodor Fontane in Berlin. Spurensuche, Heft 2. Berlin 1994
Finger-Hain, Willi: Fritz Reuter in Berlin. Ein Beitrag zur Berliner Theatergeschichte. In: Berliner Heimat, Heft 1. Berlin 1956
Flake, Otto: Es wird Abend. Eine Autobiographie. Frankfurt a. M. 1980
Fontane, Friedrich: Wie mein Vater starb. In: Fontane-Blätter, Bd 4, Heft 4 (Heft 28 der Gesamtreihe). Potsdam 1978
Fontane, Theodor: Autobiographische Schriften. Meine Kinderjahre. Von Zwanzig bis Dreißig. Kriegsgefangen. Zürich 1987
Ders.: Gedichte. Hg. von Joachim Krueger und Anita Golz. 3 Bde. Berlin/Weimar 1989
Ders.: Romane und Erzählungen in acht Bänden. Hg. von Peter Goldammer, Gotthard Erler, Anita Golz und Jürgen Jahn. 4. Aufl. Berlin/Weimar 1993
Ders.: Tagebücher. Hg. von Charlotte Jolles und Gotthard Erler unter Mitarbeit von Rudolf Muhs und Therese Erler. 2. Aufl. Berlin 1995
Ders.: Tagebücher. Hg. von Gotthard Erler unter Mitarbeit von Therese Erler. 2 Bde. Berlin 1994
Ders.: Wanderungen durch die Mark Brandenburg. Hg. von Gotthard Erler und Rudolf Mingau. 7 Bde. Berlin 1994
Ders.: Werke, Schriften und Briefe in 20 Bänden. Hg. von Walter Keitel und Helmuth Nürnberger. München 1962 ff.
Ders.: »Wie man in Berlin so lebt«. Beobachtungen und Betrachtungen aus der Hauptstadt. Hg. von Gotthard Erler. Berlin 2000
Fontanes Briefe in zwei Bänden. Ausgewählt und erläutert von Gotthard Erler. Berlin/Weimar 1989
Theodor Fontanes Briefwechsel mit Wilhelm Wolfsohn. Hg. von Christa Schultze. Berlin/Weimar 1988
Theodor Fontane. Dichtung und Wirklichkeit. Hg. vom Verein zur Erforschung und Darstellung der Geschichte Kreuzbergs e. V. und dem Kunstamt Kreuzberg. Berlin 1981

Gottschalk, Wolfgang: Die Friedhöfe der St.-Hedwigs-Gemeinde zu Berlin. Berlin 1991

Grillparzers sämtliche Werke. Vollständige Ausgabe in 16 Bänden. Hg. von Moritz Necker. Bd 16. Leipzig o. J.

Grosz, George: Eintrittsbillet zu meinem Gehirnzirkus. Erinnerungen, Schriften, Briefe. Hg. und mit einem Nachwort von Renate Hartleb. Leipzig/Weimar 1988

Die Hackeschen Höfe. Geschichte und Geschichten einer Lebenswelt in der Mitte Berlins. Hg. von der Gesellschaft Hackesche Höfe. Berlin 1993

Hammer, Klaus: Historische Friedhöfe & Grabdenkmäler in Berlin. Berlin 1994

Hoppe, Ralph: Quer durch Mitte. Das Klosterviertel. Berlin 1997

Horlitz, Manfred (Hg.): Theodor Fontane Archiv Potsdam 1935–1995. Berichte, Dokumente, Erinnerungen. Potsdam 1995

Jolles, Charlotte: Lebensstationen eines großen Realisten. München 1986

Keller, Gottfried: Sämtliche Werke. Leipzig/Wien o. J.

Kieling, Uwe: Baumeister und Bauten. Von der Gotik bis zum Historismus. Berlin/Leipzig 1987

Kleihues, Josef Paul/Becker-Schwering, Jan Gerd/Kahlfeldt, Paul (Hg.): Bauen in Berlin 1900–2000. Berlin 2000

Kühne, Günther/Stephani, Elisabeth: Evangelische Kirchen in Berlin. 2. Aufl. Berlin 1986

Landesarchiv Berlin, A Rep. 180 Bd 93, S. 77–96

Liersch, Werner: Dichters Ort. Ein literarischer Reiseführer. 2. Aufl. Rudolstadt 1987

Materna, Ingo/Ribbe, Wolfgang: Geschichte in Daten. Berlin/München 1997

Mattenklott, Gert (Hg.): Jüdisches Städtebild Berlin. Frankfurt a. M. 1997

Mende, Hans-Jürgen (Hg.): Alle Berliner Straßen und Plätze. Von der Gründung bis zur Gegenwart. 4 Bde. Berlin 1998

Möller, Klaus-Peter: »Sehr gute Kenntnisse der Chemie Pharmacie Botanik und Latinität«. In: Fontane-Blätter 73/2002

Morgenstern, Winfried: Alfred Döblin in Berlin. Spurensuche, Heft 1. Berlin 1993

Nürnberger, Helmuth: Theodor Fontane mit Selbstzeugnissen und Bilddokumenten. 20. Aufl. Reinbek bei Hamburg 1994

Rave, Paul Ortwin: Karl Friedrich Schinkel. Bearbeitet von Eva Börsch-Supan. 2. Aufl. München 1981

Rollka, Bodo/Spiess, Volker/Thieme, Bernhard (Hg.): Berliner Biographisches Lexikon. Berlin 1993

Rumpf, Johann Daniel Friedrich: Der Fremdenführer oder wie kann der Fremde in der kürzesten Zeit, alle Merkwürdigkeiten in Berlin, Potsdam, Charlottenburg und deren Umgebungen, sehen und kennenlernen. Nachdruck der Ausgabe von 1826. Hg. von Karlheinz Gerlach. Berlin 1990

Schmelzer, Hans-Jürgen: Der alte Fontane. Preußische Köpfe. Berlin 1992

Ders.: Der junge Fontane. Preußische Köpfe. Berlin 1987

Scholz, Hans: Theodor Fontane. München 1978

Seeger, Horst: Musiklexikon in zwei Bänden. Leipzig 1966

Simon, Hermann: Das Berliner Jüdische Museum in der Oranienburger Straße. Geschichte einer Zerstörung. Teetz 2000

Spiewok, Wolfgang u. a.: Romanführer A–Z. Der deutsche, österreichische und schweizerische Roman. Von den Anfängen bis Ende des 19. Jahrhunderts. 7. Aufl. Berlin 1989

Steiner, Gerhard/Greiner-Mai, Herbert/Lehmann, Wolfgang (Hg.): Lexikon fremdsprachiger Schriftsteller von den Anfängen bis zur Gegenwart. 3 Bde. Leipzig 1977

Unikower, Inge: Suche nach dem gelobten Land. Die fragwürdigen Abenteuer des kleinen Gerschon. Berlin 1978

Varnhagen von Ense, Karl August: Betrachtungen und Bekenntnisse. Aus den Tagebüchern von 1835 bis 1858. Hg. von Dieter Bähtz. Berlin 1980

Voß, Karl: Reiseführer für Literaturfreunde. Vom Alex bis zum Kudamm. Frankfurt a. M./Berlin 1980

Wimmer, Clemens Alexander: Parks und Gärten in Berlin und Potsdam. 4. Aufl. Berlin 1990

Wörner, Martin/Mollenschott, Doris/Hüter, Karl-Heinz/Sigel, Paul: Architekturführer Berlin. 6. Aufl. Berlin 2001

Wruck, Peter (Hg.): Literarisches Leben in Berlin 1871–1933. Bd 1. Berlin 1987

Zentrum für Berlin-Studien, Berliner Adreßbuch. Berlin 1799 ff.

Ziegler, Edda/Erler, Gotthard: Theodor Fontane. Lebensraum und Phantasiewelt. Eine Biographie. Berlin 1996

Literaturverzeichnis

Brecht, Bertolt: Gedichte. Bd VII. 1948–1956. Berlin/Weimar 1969

Brentano, Clemens: Gedichte Erzählungen Märchen. Hg. von Hans-Georg Werner. 2 Bde. Berlin 1978

Chamissos Werke in fünf Teilen. Berlin/Leipzig/Wien/Stuttgart o. J.

Döblin, Alfred: Berlin Alexanderplatz. Die Geschichte vom Franz Biberkopf. Olten 1961

Gélieu, Claudia von/Neubauer, Beate: Loben Sie mich als Frau. Berliner Frauengeschichte erzählt. Berlin 2002

Grass, Günter: Ein weites Feld. Göttingen 1995

Hauptmann, Gerhart: Das Abenteuer meiner Jugend. Zweites Vierteljahrhundert. Mit einem Nachwort von Manfred Müller-Lauterbach. Berlin 1980

Haustedt, Birgit: Die wilden Jahre in Berlin. Eine Klatsch- und Kulturgeschichte der Frauen. Dortmund 1999

Kästner, Erich: Emil und die Detektive. Berlin 1956

Ders.: Pünktchen und Anton. Hamburg 1990

Knobloch, Heinz: Berliner Grabsteine. Berlin 1987

Ders.: Herr Moses in Berlin. 2. Aufl. Berlin 1980

Kuschnia, Michael (Hg.): 100 Jahre Deutsches Theater. 2. Aufl. Berlin 1986

Mann, Thomas: Buddenbrooks. Verfall einer Familie. Mit einem Nachwort von Fritz Hofmann. Berlin 1965

Mori Ogai: Deutschlandtagebuch 1884–1888. Hg. und aus dem Japanischen von Heike Schöche. Tübingen 1992

Nicolai, Friedrich: Beschreibung der königlichen Residenzstadt Berlin. Eine Auswahl. Hg. von Karlheinz Gerlach. Leipzig 1987

Oberhauser, Fred/Henneberg, Nicole: Literarischer Führer Berlin. Frankfurt a. M. 1998

Ohff, Heinz: Theodor Fontane. Leben und Werk. München 1995

Pinthus, Kurt (Hg.): Menschheitsdämmerung. Ein Dokument des Expressionismus. Hamburg 1955

Raabe, Wilhelm: Die Chronik der Sperlingsgasse. Stuttgart 1983

Schönfeldt, Sybil Gräfin: Bei Fontane zu Tisch. Wanderungen durch des Dichters Eßlandschaften. Zürich-Hamburg 1997

Seidel, Heinrich: Zwischen City und Idyll. Hg. von Jürgen Jahn. Berlin 1997

Stirner, Max: Der Einzige und sein Eigentum. Stuttgart 1972

Bildnachweis

Arche-Archiv S. 35 – Archiv des Aufbau-Verlags S. 46 – Archiv Wolfgang Feyerabend Frontispiz, S. 11, 24/25, 30, 41, 43, 44, 50, 51, 58, 85, 93, 96, 119, 121, 158/159 – Archiv für Kunst und Geschichte, Berlin S. 210., 270., 27 u., 136 o. – Archiv der Salzburger Festspiele S. 172 (Foto Ellinger) – Archiv der Theodor-Storm-Gesellschaft, Husum S. 52, 143 – Aus: Behler, Ernst: Friedrich Schlegel in Selbstzeugnissen und Bilddokumenten. Reinbek bei Hamburg: Rowohlt Taschenbuch Verlag 1966 S. 134 o., 134 u. (Sammlung Ernst Behler) – Bertolt-Brecht-Archiv (Nachlaß Brecht/Weigel) S. 114 – Bildarchiv Preußischer Kulturbesitz S. 39, 84 u., 113, 118, 137, 149, 160 – Aus: Brost, Harald/Demps, Laurenz: Berlin wird Weltstadt. Photographien von F. Albert Schwartz. Berlin: Brandenburgisches Verlagshaus 1981 S. 17, 26, 31, 47, 66, 81 o. – Deutsches Eichendorff-Museum, Wangen im Allgäu S. 167 – Deutsches Literaturarchiv, Marbach a. N. S. 7, 36 u., 59, 64 o., 68, 103, 105, 165 u. (Lotte Jacobi), 168 – Aus: Einsichten. Diktatur und Widerstand in der DDR. Hg. v. der Stiftung Haus der Geschichte der Bundesrepublik Deutschland / Zeitgeschichtliches Forum Leipzig. Leipzig: Reclam Verlag 2001 S. 141 (Punctum / Kober, Bertram) – Aus: Farneth, David: Kurt Weill. Ein Leben in Bildern und Dokumenten. Berlin: Ullstein Verlag 2000 S. 100 – Aus: Theodor Fontane. Heiteres Darüberstehen. Neue Folge. Hg. v. Friedrich Fontane. Berlin 1937 S. 102, 144 – Aus: Frecot, Janos/Geisert, Helmut: Berlin. Frühe Photographien Berlin 1957–1913. München: Schirmer Mosel 1984 S. 60 (Waldemar Titzenthaler; Landesbildstelle), 128 (Plansammlung der Technischen Universität Berlin), 133 (Heinrich Zille; Privatsammlung) – Freies Deutsches Hochstift, Frankfurter Goethe-Museum S. 48, 150 – Friedrich, Reinhard S. 166 – Aus: Gajek, Bernhard/Götting, Franz (Hg.): Goethes Leben und Werk in Daten und Bildern. Frankfurt a. M.: Insel-Verlag 1966 S. 55 u., 161 – Germanisches Nationalmuseum, Kupferstichkarchiv, Nürnberg S. 67 –

Gerda Goedhart (Suhrkamp Verlag / Bertolt-Brecht-Erben) S. 115 – Aus: Gottschalk, Wolfgang (Hg.): Alt-Berlin. Historische Fotografien von Max Missmann. Mit zeitgenössischen Texten. Leipzig/Weimar: Gustav Kiepenheuer Verlag 1978 S. 8, 63, 76/77, 87, 108 o., 125 – Aus: Hecht, Werner (Hg.): Bertolt Brecht. Sein Leben in Bildern und Texten. Frankfurt a. M.: Suhrkamp Verlag 1978 S. 65 li. (Privatbesitz) – Heinrich-Heine-Institut, Düsseldorf S. 132 – Aus: Hirsch, Helmut: Friedrich Engels in Selbstzeugnissen und Bilddokumenten. Reinbek bei Hamburg: Rowohlt Taschenbuch Verlag 1968 S. 55 o. (Archiv Helmut Hirsch) – Historia-Photo S. 33, 34 – Historisches Bildarchiv S. 138 – Kupferstichkabinett, Berlin S. 89, 127, 155 o. – Landesarchiv Berlin S. 13, 16, 20 u., 23, 70, 78, 81 u., 91, 117, 152/153 (Photographische Gesellschaft), 156, 163 – Landesgeschichtliche Vereinigung für die Mark Brandenburg, Archiv S. 146, 178 – Nationalgalerie, SMPK, Berlin S. 19, 21 u. – Aus: Rothe, Hans (Hg.): Max Reinhardt. 25 Jahre Deutsches Theater. München: Piper Verlag 1930 S. 108 u. (Hans Böhm) – Aus: Salomon, Erich: Porträt einer Epoche. Berlin/Frankfurt a. M./Wien: Verlag Ullstein 1963 S. 98, 99 – Aus: Schröter, Klaus: Alfred Döblin mit Selbstzeugnissen und Bilddokumenten. Reinbek bei Hamburg: Rowohlt Taschenbuch Verlag 1978 S. 75 – Aus: Serke, Jürgen: Die verbrannten Dichter. Berichte. Texte. Bilder einer Zeit. Weinheim/Basel: Beltz Verlag 1977 S. 45 – Aus: Siemsen, Anna: Der Weg ins Freie. Büchergilde Gutenberg: Frankfurt a. M. 1950 S. 61 o. – Staatsbibliothek Berlin, Bildarchiv S. 136 u., 140, 155 u., 173 (Handke) – Stadtmuseum Berlin S. 32, 95, 170 – Stern, Carola: »Ich möchte mir Flügel wünschen«. Das Leben der Dorothea Schlegel. Reinbek bei Hamburg: Rowohlt Verlag 1990 S. 83 (Rowohlt-Archiv) – Theodor-Fontane-Archiv, Potsdam S. 28, 29, 53 re., 84 o., 88, 145, 174, 175, 176 – Ullstein Bilderdienst S. 36 o., 61 u., 64 u., 65 re., 97 o., 129, 135 – Aus: Unsere Zeit in 77 Frauenbildnissen. o. O.: Niels Kampmann Verlag o. J. S. 80 – Aus: Wirth, Irmgard: Berliner Malerei im 19. Jahrhundert. Berlin: Siedler Verlag 1990 S. 18 (Berlin, SSG, Schloß Charlottenburg), 20 o. (Braunschweig, Städtisches Museum), 37, 97 (Potsdam, Staatliche Schlösser und Gärten), 107, 111 (Berlin, Berlin Museum), 123 (Hamburg, Hamburger Kunsthalle), 165 o. (Berlin, Berlin Museum) – Aus. Zentner, Kurt: Illustrierte Geschichte des Widerstandes in Deutschland und Europa 1933–1945. München: Südwest Verlag 1966 S. 169 – Aus: Ziegler, Edda/ Erler, Gotthard: Theodor Fontane. Lebensraum und Phantasiewelt. Eine Biographie. Berlin: Aufbau-Verlag 1997 S. 14 (Privatbesitz), 53 li. (Privatbesitz), 72/73 (Heimatmuseum Neuruppin)

Wir danken allen Rechteinhabern. In einigen Fällen ist es nicht gelungen, die heutigen Rechteinhaber zu ermitteln. Wir bitten diese, sich mit dem Verlag in Verbindung zu setzen.

Biographische Notiz

Wolfgang Feyerabend, geb. 1951 in Wittenberg. Studium der Germanistik in Leipzig. 1978–81 Lektor im Kinderbuchverlag Berlin, 1982–91 freiberuflicher Literaturkritiker und Hörspielautor, 1992–95 Mitarbeit, dann Leitung eines Forschungsprojekts zur Geschichte Berlins. 1995 Gründung und Leitung der »Berliner Autoren Führungen« und des Buchladens im Kunsthof, Oranienburger Straße.

Personenregister

Kursive Seitenzahlen verweisen auf Abbildungen.

Abbado, Claudio 167
Adler, Friedrich 90
Adlon, Lorenz 100 f.
Albrecht, Prinz von Preußen 141
Alexander I., Zar von Rußland 75
Anzengruber, Ludwig 125
Ardenne, Armand Léon Baron von 90, 102
Ardenne, Elisabeth Baronin von, geb. Freiin von Plotho 90
Arendt, Erich 115
Arnim, Achim von 61, *61*, 99 f., 135, 138, 140
August der Starke, Kurfürst von Sachsen, König von Polen 53
Auerbach, Berthold 172

Bach, Johann Sebastian 37, 156
Balzac, Honoré de 131
Bebel, Ferdinand August 44, 151
Becher, Johannes R. 36, 37, 115
Begas, Reinhold 126
Bernhard, Fabrikant 31
Bendler, Johann Christian 169
Berghaus, Ruth 115
Beta, Heinrich (eigentl. Bettziech) 171
Beuth, Peter 115
Beyer, Clara 171
Biermann, Wolf 61
Bietz, Carl 28
Bismarck, Otto Fürst von 6, 44, 80, 106, 139
Blankenstein, Hermann 90
Blechen, Karl 170
Bleichröder, Gerson von 44, 174
Blücher, Gebhard Leberecht Fürst von 151
Börne, Ludwig 83, 165
Bolivar, Simon 174
Bolle, Carl 88
Borsig, August 113, 115, 116, 139
Bosse, George 40
Brahm, Otto 16, 107, *107*, 109
Brandt, Willy 151
Brasch, Thomas 115
Brecht, Bertolt 45, 62, 64, 64 f., 85, 106, 109, 113 f., *114*, 115, 172
Brentano, Bettina, geb. von Arnim 61, *61*, 99, 135, 137, 140, 155
Brentano, Clemens 61, 99, 135 f., *136*
Bronnen, Arnolt 115
Bülow, Hans von 166

Campani, Barberina 44
Chamisso, Adelbert von 95 f., 101, 127, 133, 136
Chaplin, Charlie 100
Chodowiecki, Daniel 114
Chopin, Frédéric 155

Davidsohn, Hans s. Hoddis, Jakob van
Delhaes, Dr. 177
Derffling, Georg Freiherr von 46
Dessau, Paul 115
Devarenne, Eugène 120
Devrient, Ludwig 114, 128, *129*, 132, 155
Diesterweg, Adolph 70
Dietrich, Marlene 172
Döblin, Alfred 35 f., 45, 75 f., *98*, 99
Dohm, Ernst 164, 168
Dohm, Hedwig *168*, 168 f.
Drake, Friedrich 38
Duncker, Franz 140, 164, 173 f.
Duncker, Lina 164, 174

Egells, Franz Anton 113
Eggers, Friedrich 46, *46*, 117, 142 f., *143*
Eichendorff, Joseph von 46, 101, 163, *167*, 167 f.
Einstein, Albert 57
Eisenman, Peter 160
Eisler, Hanns 115, 131
Endell, August 34
Engels, Friedrich 54 f., *55*, 137
Esselbach, Fritz 86

Faucher, Karoline, geb. Sommerbrodt 171
Feuchtwanger, Lion 45
Fichte, Johann Gottlieb 33, 55, 115, 136
Fischer, Emil 112
Fischer, Samuel 57, 105, 169
Flake, Otto 105
Fontan, Pierre Barthélemy 5
Fontane, August 5, 16, 28, 28 ff., 38 ff., 53, 86, 88, 101, 118
Fontane, Elise 88
Fontane, Emilie, geb. Labry 13, 90 f.
Fontane, Emilie, geb. Rouanet-Kummer 9, 40, 43, 44, 49, 53, *53*, 54, 59 f., 69, 80 f., 86, 87, 88, 95, 103 f., 120, 143 ff., *144*, 160, 164, 165 f., 175 ff.
Fontane, Friedrich 44, 119 f., 143, 175, 177
Fontane, George *102*, 103, 143, 171, 177
Fontane, Louis Henri 5, 13, 80, 81, 101

Fontane, Martha (»Mete«) 7, 44, 143, 175, *176*, 177
Fontane, Max 88
Fontane, Philippine 5, 28 ff., 29, 38 ff., 86, 101, 118
Fontane, Rudolf 88
Fontane, Theodor 5 ff., 7, 7, 13 f., 14, *14*, 16, 17, 18, 19, 20, 21, 22, 25, 26, 27, 28 ff., 32 f., 38 ff., 43 f., 46 f., 49 f., 51 ff., *53*, 56 f., 59 ff., 62 f., 66, 69, 70 f., 75, 76, 77 ff., 80 f., 82, 83 ff., 86, 87, 88 ff., 90 ff., 95, 96, 101 f., *103*, 103 f., 107, 110, 111, 112 f., 115 f., 117, 118 f., 119 f., 123, 124 ff., 126, 127, 128, 129 ff., 133, 138, 139, 141, 142 f., 143 ff., *145*, 147 f., 148, 149 f., 150, 155, 157, 158 ff., 161, 162, 163, 164, 165 f., 169, 171, 173, 174, *175*, 175 ff., *176*, *178*
Fontane, Theodor jun. 44, 143 ff., 165, 177
Fouqué, Friedrich de la Motte 127, 131
Fournier, August 80, 81
Franz I., Kaiser von Österreich 84
Freisler, Roland 164
Frenzel, Karl 120
Friedländer, David 31
Friedrich I., König in Preußen (Kurfürst Friedrich III.) 37
Friedrich II., König von Preußen 44, 45, 47, 48 f., 112, 139
Friedrich Wilhelm, Kurfürst von Brandenburg 47
Friedrich Wilhelm I., König von Preußen 37, 106
Friedrich Wilhelm III., König von Preußen 62, 78, 90, 95
Friedrich Wilhelm IV., König von Preußen 83, 147
Fritsch, Karl Emil Otto 177
Fulda, Ludwig 99
Furtwängler, Wilhelm 167

Gärtner, Eduard 18, *18*
Gans, Eduard 156
Gehry, Frank O. 99
Geibel, Emanuel 47, 140
George, Heinrich 36, *36*
Glaßbrenner, Adolf 111
Gleim, Johann Wilhelm Ludwig 34, 82
Glinka, Michail 135
Göthe, Eosander von 24
Goethe, Johann Wolfgang von 13, 22, 34, 37, 62, 83, 110, 125
Gogol, Nikolai 131

Goßler, Minister 17
Grabbe, Christian Dietrich 82, 132
Graefe, Albrecht von 107
Grass, Günter 141
Grillparzer, Franz 26 f., 27
Grimm, Jacob 124, 148, 161, *161*, 171
Grimm, Wilhelm 161, *161*, 171
Gropius, Martin 142
Gropius, Walter 142
Grosz, George (eigentl.Georg Ehrenfried Groß) 118, *118*
Gutzkow, Karl 33, *137*, 137 f.

Habersaath, Erich 116
Halbe, Max 99
Hardenberg, Karl August Fürst von 127
Hauff, Wilhelm 27
Hauptmann, Gerhart 23, 62 f., 64, 100, 107, 125
Heartfield, John 115
Hebbel, Friedrich 150, *150*
Heckmann, Friedrich Wilhelm 69
Heckmann, Carl Justus 89 f.
Hegel, Georg Wilhelm Friedrich 115, 156, 164
Heine, Heinrich 45, 50, 96, 127, 132, *132*, 137, 164
Heine, Salomon 132
Heinrich, Prinz von Preußen 47 f.
Helmholtz, Hermann von 102, 107
Hensel, Fanny, geb. Mendelssohn 155, *155*, 156
Hensel, Wilhelm 156
Herder, Johann Gottfried 22
Herz, Henriette 83, *83*, 127
Herz, Markus 83
Herzfelde, Wieland 115
Hesekiel, Georg 46, 147
Hesse, Hermann 168
Hessel, Franz 171
Heyden, August von 49, 177
Heymann, Frau 171
Heyse, Karl Wilhelm 59
Heyse, Paul 7, 8, 46, *59*, 59 f., 133, 171, 174
Hiller, Kurt 35
Hitler, Adolf 96, 109, 167, 169
Hitzig, Friedrich 49, 66
Hochhuth, Rolf 65
Hoddis, Jakob van (eigentl. Hans Davidsohn) 35, *35*
Hölty, Ludwig Heinrich Christoph 82
Hoffmann, Ernst Theodor Amadeus 128, 129, 131, 132

Hoffmann, Ludwig 86
Hoffmann, Mischa 131
Holz, Arno 62
Hosemann, Theodor 111, *111*
Huch, Ricarda 98, 100
Hübner, Pastor 90
Hufeland, Christoph Wilhelm 54
Humboldt, Alexander von 48, 67, 67 f., 83,
    101, 127, 155
Humboldt, Wilhelm von 48, *48*, 67, 83

Ibsen, Henrik 109
Iffland, August Wilhelm 98 f., 101, 126

Jacobsohn, Siegfried 68
Jahn, Friedrich Ludwig 80
Julius, Gustav 17

Kästner, Erich 45, 57, 68, 107
Kaiser, Georg 164
Kaiser, Jakob 102
Kalisch, David 164
Kant, Immanuel 49
Kantorowicz, Alfred 71
Karajan, Herbert von *166*, 167
Karsch, Anna Louisa *33*, 33 f., 37
Keller, Gottfried 140, *140*, 171, 174
Kellermann, Bernhard 98, *99*
Kleist, Ewald von 34
Kleist, Heinrich von 125, 138, *138*
Klöden, Karl Friedrich von 13
Knobelsdorff, Georg Wenzeslaus von 44
Knoblauch, Eduard 69
Knobloch, Heinz 119
Koch, Robert 110, 112
Kolbe, Georg 138
Kollwitz, Käthe 57, 79 f., *80*
Krigar, Emilie, geb. Menzel 104, 170
Krigar, Hermann 104, 170
Krüger, Franz 170
Kugler, Franz 46, *46*, 59, *133*, 140, 170, 171
Kugler, Margarete, verh. Heyse 59
Kummer, Karl Wilhelm 40, 69
Kunert, Günter 70

Langhans, Carl Gotthard 95
Langhoff, Wolfgang 109, 115
Lassalle, Ferdinand 137, 164 f., *165*, 174
Laube, Heinrich 33, 137
Leip, Hans 116
Lemos, Benjamin de 83
Lenné, Peter Joseph 161, 162

Leopold, Fürst von Dessau 139
Lepel, Bernhard von 84, 84 f., 104, 128, 171
Lessing, Carl Robert 102, 157
Lessing, Emma 102
Lessing, Gotthold Ephraim 17, 22, 27, 27 f.,
    34, 49, 161
Lessing, Otto 157, 161
Levin, Rahel s. Varnhagen von Ense, Rahel
Lewald, Fanny 140, 172 f., *173*
Lewis, Sinclair 100
Leyden, Ernst von 106
Liebermann, Max 96 f., *97*
Liese, Adolf 118
Link, Heinrich Friedrich 101 f.
Liszt, Franz 172
Litten, Hans 82
Löbe, Paul 103
Loerke, Oskar 99, 100
Loewenson, Erich 35
Logau, Friedrich von 34
Lortzing, Albert 109
Louis Ferdinand, Prinz von Preußen 127
Lucae, Richard 88, *175*
Lüders, Marie-Elisabeth 103
Luise, Königin von Preußen 95

Mann, Heinrich 45, 57 f., 71, 99, 100, 115
Mann, Katja, geb. Pringsheim 168
Mann, Thomas 98, 99, 100, 168 f.
Manteuffel, Otto Theodor Freiherr von 104,
    147
Maron, Hermann 67
Marx, Karl 164
Maximilian II., König von Bayern 59
Mayer, Hans 115
Mehring, Walter 164, *165*
Mendelssohn, Abraham 33, 127, 155
Mendelssohn, Brendel, verh. Dorothea
    Schlegel 83
Mendelssohn, Joseph 67, 127
Mendelssohn, Moses 22, 28, 31, 40, 67
Mendelssohn Bartholdy, Felix 38, *155*, 155 f.,
    168
Menzel, Adolph von 46, 89, 90, 104, 123,
    148, *170*, 170 f.
Merckel, Henriette von, geb. von Mühler 160
Merckel, Wilhelm von 46, *46*, 104, 158 ff., 171
Meyerbeer, Giacomo 38, 97, 97 f.
Mies van der Rohe, Ludwig 173
Mittelstädt, Frau 110
Möller, Klaus-Peter 53
Molo, Walter von 99, 100

Mombert, Alfred 98, 99
Mommsen, Theodor 148, 173
Mori Ogai 105 f.
Moritz, Karl Philipp 83
Mosse, Rudolf 157
Müller, Heiner 115
Mundt, Theodor 137
Mylius, Christlob 27

Nering, Johann Arnold 82
Nicolai, Friedrich 21, 21 f., 34, 70
Niederkirchner, Käthe 141
Nikisch, Arthur 167

Offenbach, Jacques 128
Ossietzky, Carl von 68
Ottmann, Victor 52

Patzenhofer, Johann Georg 133
Pfemfert, Franz 35
Pflug, Friedrich Adolf 113
Pinthus, Kurt 35
Planck, Max 102
Plotho, Elisabeth Freiin von 90
Podewil, Heinrich Graf von 82
Poelzig, Hans 66
Pringsheim, Katja s. Mann, Katja
Pückler-Muskau, Hermann Fürst von 164
Puschkin, Alexander 137

Raabe, Wilhelm 19 ff., 20
Radziwill, Fürst von 127, 139
Ramler, Karl Wilhelm 22, 34, 34, 37
Ranke, Leopold von 38, 104
Rattle, Sir Simon 167
Rauch, Christian Daniel 48, 101
Ravenné, Therese, geb. von Kusserow 15
Redern, Friedrich Wilhelm Graf von 101
Reinhardt, Max 51, 64 ff., 66, 108, 109, 172
Reuter, Fritz 15 f., 27
Ribbeck, Hans Georg von 23
Rodenberg, Julius 90
Rohr, Mathilde von 128, 146, 174
Rose, Wilhelm 32 f., 130
Rouanne-Kummer, Emilie s. Fontane, Emilie
Rouanet (Mutter von Emilie Rouanet-
    Kummer) 40
Rungenhagen, Carl Friedrich 156

Salomonsky, Albert 66
Saphir, Moritz Gottlieb 46
Sauerbruch, Ferdinand 106

Savigny, Karl von 62
Schacht, Julius Eduard 53
Schadow, Johann Gottfried 86, 95, 115, 139
Scharoun, Hans 166 f., 173
Scherenberg, Christian Friedrich 174
Schering, Ernst 116
Scherz, Hermann 43
Schickele, René 105, 105
Schiller, Friedrich 98, 125, 126
Schinkel, Karl Friedrich 18 f., 19, 43, 80, 101,
    115, 124
Schlaf, Johannes 62
Schlegel, August Wilhelm von 83, 136, 155
Schlegel, Friedrich von 83, 127, 134, 134
Schleiermacher, Friedrich Daniel Ernst 83,
    101, 134, 134 f., 155
Schlüter, Andreas 24
Schmieden, Heino 142
Scholz, Wilhelm von 99, 100
Schopenhauer, Arthur 55, 55 f.
Schubert, Franz 168
Schultz, Ferdinand 90 f., 164
Schultze-Delitzsch, Hermann 86
Schumann, Robert 168
Schwatlo, Carl 17, 68
Schwartzkopff, Louis Victor Robert 113
Scribe, Eugène 97
Seghers, Anna 115
Seidel, Heinrich 117
Seifert, Diener 67
Shakespeare, William 64, 125
Soller, August 88
Sommerfeldt, Jenny, geb. Fontane 87, 88, 88,
    90
Sommerfeldt, Hermann 87, 90
Sommerfeldt, Max 90
Sophie Luise, Königin in Preußen 37
Speer, Albert 100, 167
Spielhagen, Friedrich 17, 172
Springer, Julius 22
Stadler, Ernst 105
Stahr, Adolf 172
Stauffenberg, Claus Schenk Graf von 169 f.,
    171
Stehr, Hermann 98
Sternberg, Josef von 172
Stirner, Max (eigentl. Caspar Schmidt) 111
Stöcker, Adolf 151
Storm, Theodor 46, 52, 52
Strachwitz, Moritz Graf von 59
Stresemann, Gustav 142
Strindberg, August 109

Stucken, Eduard 99
Stüler, Friedrich August 148, 161, 171
Suhrkamp, Peter 114
Sulzer, Johann Georg 34

Tauentzien, General von 28
Tendering, Betty 140
Theiß, Caspar 24
Tieck, Christian Friedrich 127
Tieck, Johann Ludwig 22, 127
Tucholsky, Kurt 45, 68, 68

Uhse, Bodo 115
Ulbricht, Walter 71, 116
Ullmann, Micha 45

Valentin, Karl 65
Varnhagen von Ense, Karl August 17, 127, 136, 136 f., 140, 164
Varnhagen von Ense, Rahel, geb. Levin 31, 83, 127, 127, 132, 136 f.
Virchow, Rudolf 106, 171, 173
Vogel, Henriette 138
Voigt, Wilhelm 116
Voß, Graf von 62, 140

Waesemann, Friedrich 80
Wagner, Richard 98
Walden, Herwarth 35
Wallner, Franz 76
Wedekind, Frank 109
Weigel, Helene 65, 65, 109, 113 f., 115, 115
Weill, Kurt 64
Werfel, Franz 100
Werner, Anton von 49
Wilde, Oscar 131
Wilhelm I., König von Preußen, deutscher Kaiser 47, 147
Wilhelm II., deutscher Kaiser 171
Wisnewski, Edgar 167
Witte, Friedrich 53
Wöhlert, Johann Friedrich Ludwig 113
Wolfsohn, Wilhelm 69
Wülcknitz, Baron von 62

Zelter, Carl Friedrich 21, 37, 37, 97, 156
Zieten, Hans Joachim von 59, 139, 151
Zille, Heinrich 111
Zöllner, Karl 177
Zuckmayer, Carl 64, 172, 172 f.
Zweig, Arnold 115

Sybil Gräfin Schönfeldt

Bei Fontane zu Tisch
Wanderungen durch des Dichters
Eßlandschaften
Mit Fotos von Wolfgang Franz
und Jens Rheinländer
189 S. Geb. 84 farbige und 22 s/w Abb.

Was zur Zeit Theodor Fontanes auf den Gütern in Mecklenburg, in den Klein-
städten Brandenburgs, in den Hotels der Sommerfrische im Harz und zu Hause
im kaiserlichen Berlin gegessen und getrunken wurde, das erzählt die vielfach
ausgezeichnete Autorin Sybil Gräfin Schönfeldt kenntnisreich und lebendig in
diesem literarischen Kochbuch. Ein anregender Ausflug in die Geschichte der
Eßkultur im 19. Jahrhundert.
»Sybil Gräfin Schönfeldt nimmt den Leser auf höchst schmackhafte und sach-
kundige Art an die Hand.« *Berliner Morgenpost*

Arche Kultur Reiseführer
Orte der Literatur, Musik & Kunst

Gudrun Arndt
Spaziergänge durch das literarische New York
216 S. Br. 157 Abb. 8 Karten

Wolfgang Dömling
Spaziergänge durch das musikalische Prag
144 S. Br. 101 Abb. 7 Karten

Katharina Festner
Christiane Raabe
Spaziergänge durch das
München berühmter Frauen
3. Auflage. 173 S. Br. 129 Abb. 7 Karten

Noël Riley Fitch
Die literarischen Cafés von Paris
Aus dem Amerikanischen von
Katharina Förs und
Gerlinde Schermer-Rauwolf
2. Auflage. 91 S. Br. 45 Abb. 5 Karten

Anna Gruber
Bettina Schäfer
Spaziergänge über den Père Lachaise in Paris
2. Auflage. 166 S. Br. 134 Abb. 4 Karten

Mary Ellen Jordan Haight
Spaziergänge durch Gertrude Steins Paris
Aus dem Amerikanischen von Karin Polz
4. Auflage. 163 S. Br. 115 Abb. 5 Karten

Christiane Raabe
Katharina Festner
Spaziergänge durch Mozarts Salzburg
168 S. Br. 118 Abb. 6 Karten

Paul Raabe
Spaziergänge durch Goethes Weimar
8. Auflage. 224 S. Br. 177 Abb. 6 Karten

Paul Raabe
Spaziergänge durch Lessings Wolfenbüttel
176 S. Br. 142 Abb. 5 Karten

Paul Raabe
Spaziergänge durch Nietzsches Sils-Maria
5. Auflage. 159 S. Br. 119 Abb. 6 Karten

Cornelius Schnauber
Spaziergänge durch das
Hollywood der Emigranten
2. Auflage. 168 S. Br. 120 Abb. 5 Karten

Dorothea Schröder
Spaziergänge durch das musikalische London
160 S. Br. 101 Abb. 8 Karten

Cornelia Staudacher
Spaziergänge durch das literarische Mallorca
144 S. Br. 89 Abb. 8 Karten

Kläre Warnecke
Spaziergänge durch
Richard Wagners Bayreuth
176 S. Br. 137 Abb. 8 Karten

Hans Wißkirchen
Spaziergänge durch das Lübeck von
Heinrich und Thomas Mann
Unter Mitarbeit von Klaus von Sobbe
2. Auflage. 160 S. Br. 120 Abb. 5 Karten

Heinke Wunderlich
Spaziergänge an der Côte d'Azur der Literaten
2. Auflage. 192 S. Br. 108 Abb. 9 Karten

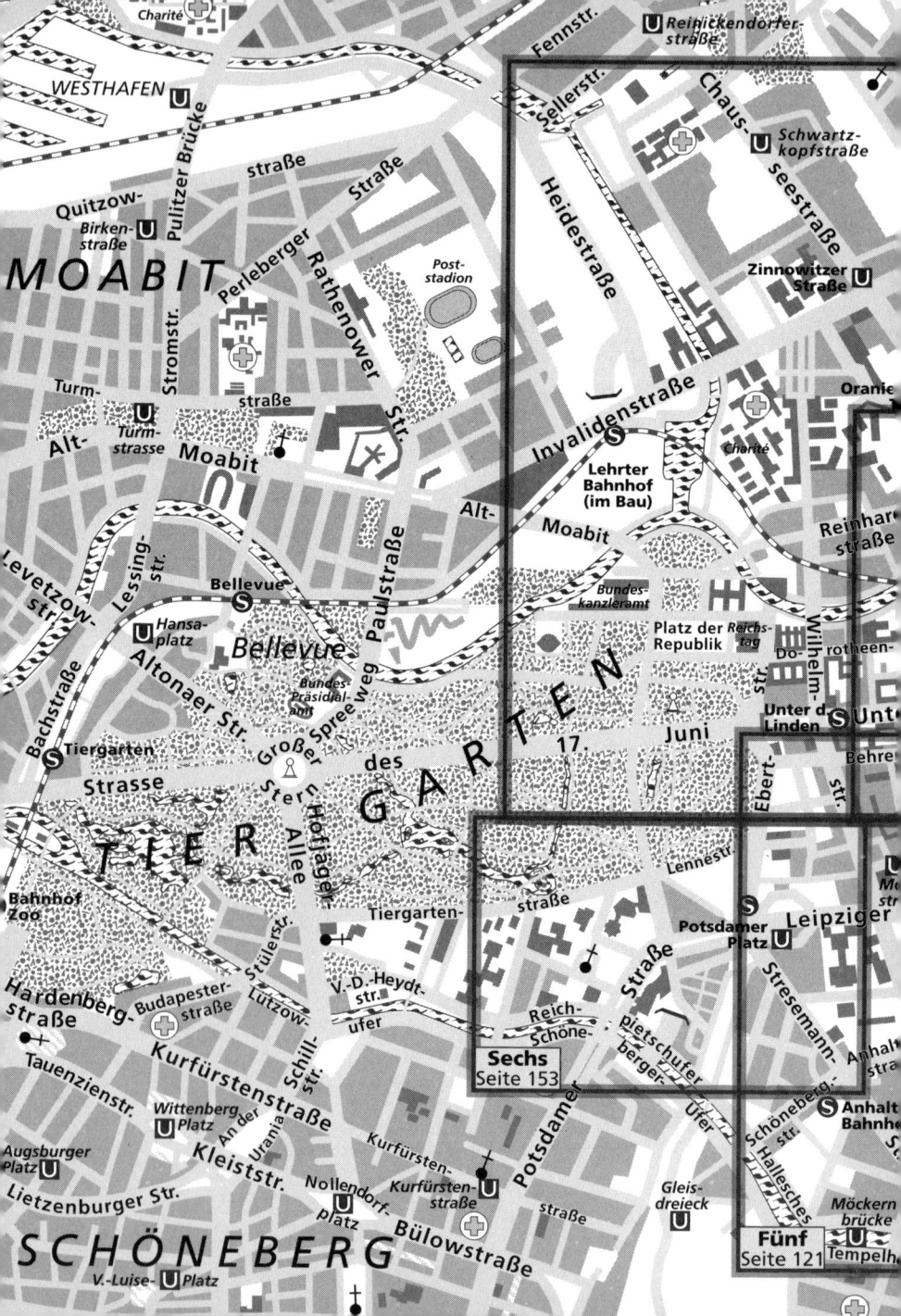